AtV

HANS-ECKEHARD BAHR, geb. 1928; 1966 Professor an der University of Chicago. Mitarbeiter von Martin Luther King. Seit 1967 ordentlicher Professor für praktische Theologie an der Ruhr-Universität Bochum. 1971 Berufung zum Kurator der Deutschen Gesellschaft für Friedens- und Konfliktforschung Bonn durch Bundespräsident Heinemann. 1982 Sachverständiger der Enquete-Kommission des Deutschen Bundestages über »Jugendprotest im demokratischen Staat«. Seit 1994 Leiter des Forschungsprojekts »Jugendgewalt und Stadtfrieden«. Zahlreiche Publikationen zur Friedens- und Konfliktforschung, speziell zu den Chancen gewaltfreier Politik im 20. Jahrhundert; zuletzt erschien »Erbarmen mit Amerika«: *»Ein fulminanter Essay«* (DIE ZEIT).

Bahr hatte das Glück, King noch persönlich zu erleben. Seit Anfang des Jahres 1966 war er sein Mitarbeiter in Chicago. Er berichtet, wie King als Revolutionär an Gewaltfreiheit, am Glauben, an Freiheit und Gleichheit für alle festhielt. Er schildert Kings Charisma und Lebensstil. Das Buch bringt uns einen Menschen nahe, der vor seiner Ermordung innerlich frei und ohne Heldentum dastand, der sich die Lebenskraft nicht nehmen ließ, wagemutig und ungezwungen religiös war.

Martin Luther King forderte eine grundsätzliche Umorientierung der amerikanischen Gesellschaft: Bürgerrechte für die Afroamerikaner, einen Kreuzzug gegen die Armut im eigenen Land und ein Ende der Supermachtpolitik. Er begriff, daß die Welt verloren ist, wenn die Probleme des Rassismus, der Armut und des Militarismus nicht gelöst werden. Dieses politisches Vermächtnis ist aktueller denn je.

Hans-Eckehard Bahr

# Martin Luther King

## Für ein anderes Amerika

Aufbau Taschenbuch Verlag

Mit 14 Abbildungen

ISBN 3-7466-8123-5

1. Auflage 2004

Umschlaggestaltung gold, Anke Fesel und Kai Dieterich
unter Verwendung eines Fotos von Hans-Eckehard Bahr
Druck Oldenbourg Taschenbuch GmbH, Plzeň
Printed in Czech Republic

www.aufbau-taschenbuch.de

# Inhalt

Martin Luther King



I. Chicago, Sommer 1966



II. Lebensstationen Martin Luther Kings

*1929–1963: Von Atlanta nach Washington*

## III. Testament der Hoffnung
## Martin Luther Kings letzte Reden



## Anhang

# Martin Luther King

## Mythos und neue Aktualität

Wir müssen uns über unsere Furchtsamkeiten erheben. ... Es gibt keinen Grund, furchtsam zu sein, wenn du glaubst und weißt, daß die Sache gerecht ist, für die du eintrittst. Du bist bereit, jeder Gefahr und Schwierigkeit zu begegnen. Und du tust es lächelnd. Denn du weißt, daß du ewige Rechte vertrittst; daß die Engel an deiner Seite stehen; daß du recht hast.

*Martin Luther King*

Die Feinde der Menschheit haben rapid an Macht gewonnen, sie sind einem Endziel der Zerstörung der Erde sehr nah gekommen, es ist unmöglich, von ihnen abzusehen und sich auf die Betrachtung geistiger Vorbilder allein zurückzuziehen, die uns noch etwas zu bedeuten haben. Umso wichtiger ist es, von solchen zu sprechen, die auch unserem monströsen Jahrhundert standgehalten haben.

*Elias Canetti*

Martin L. King, ein Mann mit einem Traum – aber kein feinsinniger Träumer. Geboren im Januar 1929, ein Afroamerikaner aus Georgia, der aus Bewunderung für den deutschen Reformator »Martin Luther« King getauft wird. Mit 39 Jahren wird er von einem bezahlten weißen Killer erschossen.

In den 50er Jahren sehen wir diesen Pfarrer an der Spitze der Bürgerrechtsbewegung im Süden der Vereinigten Staaten. Bis zu seinem Tod im Jahre 1968 bleibt King ein Homo politicus in einem tiefen demokratischen Sinn. »Sprechen für die, die keine Stimme haben«, seine Lebensdevise.

Ein Mann des anderen Amerika, der 29 Mal von seiner Regierung wegen Staatskritik ins Gefängnis geworfen wird und das als eine große Ehre betrachtet. Der gegen die Armut im eigenen Land angeht und gegen die Ausbeutung der anderen, der Dritten Welt. Ein Heros der Menschenrechte?

Am 28. August 1963 hat King in seiner Rede »I have a dream« das Bild einer politischen Völkergemeinschaft entworfen, in der alle gleichberechtigt sind. King sieht alle, Afroamerikaner und Weiße, Moslems, Juden und Christen, Linke und Rechte, Gerechte und Ungerechte, »Böse« und »Gute« an einem »Tisch der Brüderlichkeit«.

Und keiner wird weggeschossen.

King ist beflügelt von dieser Vision einer Weltgesellschaft ohne Gewaltpolitik. Und er hat Erfolg damit. Die Afroamerikaner erringen ihre Bürgerrechte, ohne zurückzuschlagen.

Niemand hätte für möglich gehalten, was Anfang der 60er Jahre in den Vereinigten Staaten geschehen ist. Afroamerikaner, seit Jahrhunderten gedemütigt, gehen in den Südstaaten auf die Straße, verlangen ihre Menschenrechte, ziehen im Protestmarsch durch Selma und Birmingham, vorbei an den Hunden und Schlagstöcken der Polizei, durch ein Spalier von Haß. Es ist Frühling für sie.

Frühzeitig sieht King die Rüstungsausgabe zu Lasten der großen von Präsident Johnson proklamierten Sozialreform und der 40 Millionen unterversorgter Amerikaner, schwarzer und weißer, steigen. Seit März 1967 ist er auch deshalb der schärfste Kritiker der Vietnampolitik seines Landes. Offen fordert er zur Wehrdienstverweigerung und zum zivilen Widerstand gegen Bundesgesetze auf.

Der Protestanführer gegen die Rassendiskriminierung der Afroamerikaner wird zur Leitfigur der neuen Friedensbewegung.

Vor einer dichtgedrängten Menschenmenge ruft King am 4. April 1967 in der New Yorker Riverside Church: »Es wird eine Zeit kommen, in der Schweigen Verrat bedeutet. Diese Zeit ist für uns mit der Vietnamfrage gekommen. Immer wieder wurden wir mit der grausamen Ironie konfrontiert, Schwarze und Weiße beobachten zu müssen, wie sie gemeinsam töten und sterben für eine Nation, die es nicht fertiggebracht hat, sie in den gleichen Schulen nebeneinander sitzen zu lassen. Wir sehen, wie sie miteinander in brutaler Solidarität die Hütten eines armen Dorfes

*Montgomery: King führt zusammen mit seiner Frau demonstrierende Bürgerrechtskämpfer in den Südstaaten an (26. März 1965)*

niederbrennen, aber es ist uns klar, daß sie niemals in dem gleichen Häuserblock in Detroit wohnen würden. Angesichts solcher grausamer Ausnutzung der Armen konnte ich nicht schweigen ... Und ich wußte, daß ich niemals wieder meine Stimme gegen Gewalttaten der Unterdrückten in den schwarzen Ghettos erheben könnte, bevor ich nicht eindeutig den größten Gewaltausüber in der heutigen Welt angeredet habe, und das ist meine eigene Regierung.

Ich spreche für die Armen in Amerika. Ich spreche als ein Bürger der Welt, jener Welt, die entsetzt auf den Weg schaut, den wir genommen haben. Ich spreche als Amerikaner zu den Führern meines Volkes. Denn wir haben die entscheidenden Schritte in diesem Krieg unternommen, deshalb muß er jetzt auch durch unsere Initiative beendet werden.«

Kritik dieser Art ist – politisch betrachtet – eine Form des Patriotismus, weil sie der Verfassung des Landes mehr verpflichtet ist als der augenblicklich praktizierten Regierungspolitik. Aber Kritik der Politik ist nicht Kings vorrangiges Anliegen. Er will etwas Neues, etwas schöpferisch Neues. King versteht sich als Anwalt einer zukünftigen Weltgesellschaft, sie liegt ihm mehr am Herzen als die Machtinteressen der eigenen Nation, der eigenen Konfession, auch sogar der eigenen schwarzen Mitbürger.

Der Weg zu dieser neuen Weltinnenpolitik führt – das steht unverrückbar für den Pastor fest – nur über die Durchsetzung der Gleichheitsrechte aller Menschen. Es ist King ernst damit, so ernst, daß er dafür sein Leben riskiert.

## Ein Lebensprojekt der Hoffnung – gegen das machtbesessene Amerika

Seit der Ermordung des schwarzen Friedensnobelpreisträgers haben sich die Probleme, mit denen er von Anfang an konfrontiert war, weltweit zugespitzt: die Not der arm gehaltenen Menschen, die Vernichtungsbereitschaft durch Krieg, die Zerstörung der Erde.

Vor allem aber: Die Weltherrschaftspolitik der USA, die

hysterische Aufteilung der Welt in Gute und Böse, schon seit Reagan, hat die Nationen zu Beginn des 21. Jahrhunderts in einen so noch nicht da gewesenen Krieg der Religionen gerissen, in einen Kampf um Öl und Standorte, bei dem die Armen der Erde endgültig ins Hintertreffen geraten.

Aber Amerika kennt auch eine andere religiöse Legitimierung von Politik, die auf Versöhnung, auf Interessenausgleich setzt, also das archaische Licht-Finsternis-Denken überwindet. Dieses andere Amerika ist seit den 60er Jahren unlösbar verbunden mit der Gestalt Martin Luther Kings.

Der jüngste Friedensnobelpreisträger der Welt hat in der Opposition gegen den Vietnamkrieg weltpolitische Bedeutung erlangt. Die USA hätten auf dem Schlachtfeld in Vietnam ihren Feldzug zu Ende führen können. Die moralische Überzeugungskraft Kings hat Washington schließlich genötigt, die Bombardierung einzustellen und Saigon fluchtartig zu verlassen.

Die Bedeutung einer gewaltfreien demokratischen Opposition wird heute in den Vereinigten Staaten in vielen politisch aufgeweckten Kirchengemeinden, unter den Wählern der Demokratischen Partei, in der kritisch-liberalen Intelligenz des Landes neu gesehen. King tritt als symbolische Gegenfigur zu George Bush und seiner Kreuzzugs-Politik ins Rampenlicht. Und Bush, diese »Bedrohung« ahnend, fliegt am 16. Januar 2004 Publicity-clever nach Atlanta, an das Grab Martin Luther Kings. An diesem Tag, an diesem neuen, King gewidmeten Nationalfeiertag der Vereinigten Staaten aber wurde Bush von lauter Buh-Rufen empfangen. In allen Fernsehprogrammen sieht man, daß es diesem Präsidenten nicht mehr gelingt, King zu »integrieren«, für die neue Weltmachtpolitik der USA zu instrumentalisieren. Es läßt sich nicht übersehen: Der Friedensnobelpreisträger Amerikas heißt King, nicht Bush. Könnten seine Erfahrungen öffentlicher Therapie gesellschaftlicher Aggressivität auch uns helfen, humaner zu überleben?

Wie kommt dieser Mann mit der unvergleichlichen Stimme zu einem so wagemutigen Engagement? Woher nimmt er seinen Lebensmut? Seine Hoffnungen? Worauf basieren seine kämpferischen, aber strikt unmilitanten Protestformen? Wie geht der schwarze Pfarrer um mit der Übermacht des Systems?

Zweiundzwanzig Mal wird er körperlich angegriffen: Messerstiche, Schüsse, Steine – wie kann man dann noch öffentlich auftreten, ohne panische Angst? King gelingt es, nach seinen eigenen Worten, weil er sich mit seiner Endlichkeit und seiner Todesangst immer wieder auseinandersetzt. Auch das ein interessantes Kapitel für uns heute.

Ich hatte das große Glück, Martin Luther King in Chicago kennenzulernen. Eigentlich durch Zufall. 1965 wurde ich auf eine Professur nach Chicago berufen. Ich konnte dort in der Bürgerrechtsbewegung in seiner Nähe mitarbeiten. Die Ereignisse jener Monate haben meine spätere Arbeit bestimmt. Die dramatischen Lebensstationen Kings, seine Zivilcourage, seine innere Kraft und sein politisches Schicksal, darüber versuche ich hier, in diesem Buch, zu berichten.

Das Faszinierende: Bis zum Schluß blieb King von seiner Vision der Gewaltfreiheit getragen. Ich habe ihn erlebt als einen Menschen, der völlig durchglüht war von dieser Vision, von der Überzeugung, »daß unbewaffnete Wahrheit und bedingungslose Liebe das letzte Wort in der Wirklichkeit haben werden. Das ist der Grund, warum Recht, auch wenn es vorübergehend unterliegt, stärker ist als triumphierendes Böses.« Diese Hoffnungsvision hat ja im 20. Jahrhundert tatsächlich eine neue Zivilpolitik eröffnet.

Ich höre diese Worte Kings, wie eine Stimme von weither. Und doch: Wie könnte ich heute arbeiten, in meinem zähflüssigen, ganz und gar unspektakulären Alltag, wenn nicht ein kleiner Fetzen dieser großen Hoffnung auch mich nach vorne zöge.

Im Kindergarten, auf dem Schulhof, im Büro, auf der Autobahn, in der Politik und in den privaten Zimmerschlachten – wie könnten wir überleben, wenn es die täglichen Versöhnungen, das kleine Frieden-Schließen, das befreiende Lachen nicht gäbe. Ja, auch in diesen alltäglichen Erfahrungen lebt heute die große Vision Gewaltfreiheit weiter.

Nirgendwo lebt diese Vision weiter, höre ich eine ganze Reihe meiner Kollegen dagegen sagen. King ist passé. Die heutige Welt ist von Gewalt besessen, durch und durch. Siehst du das nicht? Der Mensch ist eben doch unaufbrechbar aggressiv, halten diese Kollegen mir entgegen. Böse von Jugend auf, bis in den genetischen Bestand. Alle Verhaltensweisen sind schon im Erbgut festgeschrieben, sagt mir ein Studienfreund. Du hast recht, antworte ich. Und doch stimmt es ganz und gar nicht, alter Pessimist, du. Und ich erzähle ihm vom Juni 1966, wie ich in Chicago ankam.

Bochum, Pfingsten 2004

# I. Chicago, Sommer 1966

## Das erste Mal unterwegs mit Martin Luther King

Juni 1966 in Chicago. Ein heißer Sommer. Überall Proteste gegen den Vietnamkrieg. Im Fernsehen seit Wochen Bilder von brennenden Menschen im Reisfeld, von Bombenteppichen auf radelnde Vietnamesen. Abend für Abend sehen wir im Fernsehen auch amerikanische Soldaten, ihre Kameraden nach hinten schleifend, auf einer Zeltplane, blutverschmiert.

In den Armenvierteln der Afroamerikaner tobt ein ganz anderer Kampf. Dort steigt die Kindersterblichkeit. 45,4 Prozent beträgt sie in Chicago-City gegenüber 22 Prozent in den weißen Wohnvierteln mit vergleichbarer Einkommensstufe. Hinzu kommt die sogenannte Colour Tax, ein Aufschlag von 20 Dollar pro Monat, den weiße Hausbesitzer zusätzlich zur Miete von schwarzen Mietern verlangen. Gelingt es einem der wenigen wohlhabenderen Afroamerikaner schließlich doch, in einem weißen Gebiet Wohnung zu nehmen, verbreitet der Makler durch Telefonanrufe, Hausbesuche und kleine Briefchen schnell das Gerücht von fallenden Grundstückspreisen im Viertel. Die weißen Bürger verkaufen daraufhin, so schnell sie können. Die »freigekämpften« Häuser werden eine fette Beute des Maklers. Er verkauft sie an zahlungskräftige Afroamerikaner weiter, mit Gewinnen zwischen 50 und 75 Prozent. Ich beobachte in jenem Sommer, wie auf diese Weise innerhalb weniger Monate zwei ganze Stadtviertel ihr weißes Gesicht verlieren.

Gegen diese Kaltschnäuzigkeit weißer Mittelklasse-Bürger zieht der Baptistenprediger Dr. Martin Luther King schon seit Monaten zu Felde. Er kommt im Frühjahr 1966 nach Chicago, ohne Armee, aber mit einem Aktionsprogramm. In Montgomery, Alabama, war es während des 382 Tage dauernden Busboykotts ausprobiert worden. Ich habe schon in Deutschland viel davon gehört. In jedem Schulbuch steht ja die Story. Rosa Parks, die

Näherin mit der großen Nickelbrille, die im Autobus ihren Platz nicht für Weiße freimachen will. Ihr zerfurchtes Gesicht. Wie sie ins Gefängnis gezerrt wird, wie King, der jugendliche Held, als Führer der Bewegung agiert, die den legendären Busboykott organisiert, bis nach einem Jahr die Rassentrennung in den Bussen aufgehoben und vom obersten Gerichtshof der USA für verfassungswidrig erklärt wird. Der große Zampano, der Superpazifist Martin Luther King, der »schwarze Edelhirsch« – ich ertappe mich dabei, daß ich abwinke, wenn schon wieder die Montgomery-Story im Unterricht aufgetischt werden soll.

Ich wußte alles, als ich am 5. Januar 1966 auf dem Airport Chicago ankam. Ich wußte nichts. Was »direkte Aktion« wirklich bedeutet, das erlebe ich hautnah erst in jenem Sommer 1966 in der großen Stadt am Lake Michigan.

Am 3. September ruft King zu einem Protestmarsch der Bürgerrechtler durch den Stadtteil Cicero in Chicago auf. Ich nehme teil, angespannt, neugierig, zaghaft. Wir ziehen mit Menschen aller Altersgruppen an jenem Spätsommertag durch diesen gutbürgerlichen Vorort Chicagos. Hier, im Zentrum der konservativen upper middle class war vor Jahren ein junges schwarzes Ehepaar angefallen worden, das gewagt hatte, an die Humanität der Bewohner zu glauben und hier eine Wohnung zu mieten. Noch am Abend des Einzugstages war es aus Cicero verjagt worden, seine Möbel zertrümmert auf der Hauptstraße zurücklassend. An diesem 3. September 1966 ziehen nun Afroamerikaner durch Cicero, Seite an Seite mit uns paar weißen Demonstranten für Rassengleichheit, insgesamt 192 Bürgerrechtler. Wir werden von johlenden Alteingesessenen empfangen. Nur die herbeibeorderten Nationalgardisten und die 700 Polizisten können ein Blutbad verhindern.

»Das ist für dich«, höre ich noch einen smart gekleideten weißen Jungen rufen, als er den Eisensplitter auf die vorbeimarschierende Nonne Mary Angelica von der Sacred Heart-Schule schleudert. Die Menge tobt, als die Nonne zusammenbricht. Als man die Schwerverletzte wegzerrt, fangen Umstehende ihre Worte auf: »Ich spüre keine Verbitterung diesen Leuten gegenüber, aber schrecklich der Gedanke daran, daß wir es waren, die sie nichts Besseres lehrten …« Zuviel Sanftmut, denke ich, und ich weiß, einen solchen Heroismus werde ich nicht aufbringen.

In diesem Moment wird King von einem scharfkantigen Stein getroffen. Ein junger Mann hat gezielt geworfen. Der schwarze Pfarrer bricht zusammen; wir sind alle verängstigt. Und King? Er ist empört, ja schnaubt vor Wut. Seine erste Reaktion ist also keineswegs aggressionsfrei. Er ist kein Heiliger. Aber nach etwa acht Minuten verlangt er, mit dem jugendlichen Gewalttäter zu sprechen. Jetzt. Sofort. Der Stein, den der Mann geworfen hat, ist ein Telefongespräch mit mir, das nicht durchgekommen ist, sagt King, eine mißratene Kontaktaufnahme.

Später erfahre ich: Jedes Mal, wenn er körperlich angegriffen wurde – Steine, Messerstiche, Schüsse –, hat der Bürgerrechtler versucht, mit den Gewalttätern zu sprechen. Er wollte unbedingt mit dem anderen in Kontakt kommen in der Konfrontation. In der irrsinnigen Hoffnung, daß ein Mensch sich immer noch ändern kann, auch einer mit gefährlichem Wahn. Heute weiß ich, dieses Sprechen ist der uralte Versuch, den anderen als Person ernst zu nehmen. Als jemand, der fähig ist, sich zu wandeln. Bei dieser Suche findet man auch die eigene Menschlichkeit wieder, höre ich King noch sagen. Sprechen mit den Gewalttätern? King gelingt es, gut zwei Drittel der meist jugendlichen Täter für seine Form des zivilen Protestes zu gewinnen. In Einzelgesprächen, später – lange nach der Straßenkonfrontation.

Er kann sie überzeugen, daß die weißen Häusermakler die eigentlichen Unruhestifter sind, wenn sie zynisch die Fremdenangst schüren, um Geschäfte zu machen. Gegen diesen Gegner zu protestieren, dazu kann King die meisten der empörten jungen Afroamerikaner motivieren; ja er vermag viele zum regelrechten Seitenwechsel, zum Mitmachen im gewaltfreien Protest umzustimmen.

Am Abend Lagebesprechung bei Martin Luther King. Jesse Jackson, Andrew Young und Ralf Abernathy, die engsten Mitstreiter, sitzen mit am Tisch. Was haben wir heute gelernt? King antwortet selbst: Nun, das erste ist: offen dem anderen entgegengehen, auch wenn er mich bedroht; zweitens: mit ihm sprechen, und drittens: ihm eine neue Handlungsperspektive bieten.

Nur dadurch läßt sich, so der Pfarrer, die in jeder destruktiven Energie verborgene Lebensenergie freisetzen.

Ich notiere mir: Es gibt offenbar zwei verschiedene Modelle des Umgangs mit bedrohlich Fremdem. Das erste Modell: Man geht von der eigenen Angst aus, angegriffen zu werden. Daher muß ich mich – so der übliche Reflex – mit gleich großer Stärke wappnen wie der andere. Ich muß die Fähigkeit haben, zurückzuschlagen, den anderen notfalls kampfunfähig zu machen. Also Böses mit Bösem vergelten.

Das zweite Modell, das Modell Martin Luther Kings, setzt ganz anders ein: King fragt sich bei der Lagebesprechung: Soll ich nur von gleichen Ängsten ausgehen bei mir und dem anderen? Warum nicht auch von den gleichen vitalen Überlebensinteressen? Warum nicht auch von den großherzigen Fähigkeiten, der Lust an der eigenen Power, an der Verantwortungsbereitschaft? Das wäre eine ganz andere, eine positive Kommunikation mit meinem Gegenüber: Es ist doch ein Unterschied wie Tag und Nacht, so King, ob ich den anderen nur von seiner Gewaltbereitschaft her definiere oder ob ich, darüber hinaus, auch seine Leben bewahrenden Impulse, seine konstruktiven Möglichkeiten beanspruche. Die Überlebensenergien, das Versöhnungsinteresse bei mir und dem anderen wecken, dadurch würde ich einem Fremden etwas zutrauen und auch mich selbst bewahren. Das ist mit dem Begriff Feindesliebe gemeint. Darauf vertrauen, daß auch der andere fühlt und handelt wie ein Mensch. Heißt es nicht bei Jesus: Liebe deinen Nächsten, dann ist er wie du.

Ich schwanke. Ist das nicht alles total idealistisch? Muß man gewaltsam auftretenden Jugendlichen nicht vielmehr mit harter staatlicher Gegengewalt Grenzen setzen und die Gewalt direkt dort ausräuchern, wo sie entsteht? So habe ich es im kriminologischen Institut und bei einer Polizei-Einsatz-Besprechung in Deutschland gehört. Vorsicht, rufen die großen amerikanischen Pädagogen Henry D. Thoreau, Bruno Bettelheim, Erik H. Erikson. Macht nicht die Jugendlichen zu Monstern, warnt auch King 1966. Jeder von ihnen hat doch eine Motivgeschichte, in sich verschlossen, aber durch Ansprechen eben zutage zu fördern, womöglich zur Heilung zu bringen. Wer hat die besseren Chancen, den Wahnsinn von Verletztwerden und Zurückschlagen langristig zu stoppen, fragen alle großen Erzieher, die Pestalozzis, die Korczaks, die Montessoris, die schnelle, harte Strafjustiz oder die geduldige Prävention? Hier in Chicago sehe ich: Martin Luther Kings Programm heißt, Beteiligung aller Betroffenen, Gespräch und Kontakt mit den sich selbst isolierenden potentiellen Tätern. Die unendlichen Mühen des Erziehens sind langfristig die einzigen Alternativen. King weiß: Natürlich ist bei schweren Straftaten kurzfristig das sogenannte »knallharte Durchgreifen« nötig. Aber er fürchtet auch, die Resozialisierung würde dann zu schnell vergessen. Nein, Gefängnisse sind und bleiben kaum geeignete Orte, warnt King, zerstörerische Energien umzuwandeln in schöpferische Fähigkeiten.

Und immer wieder schärft er uns ein: Böses kann nicht mit Bösem vergolten werden. Der Einspruch gegen die Gewalt muß so geschehen, dass er in sich schon das Signal trägt, Gewalt zu vermeiden.

Ein riskantes Konzept, denke ich damals schon, als ich King so reden höre. Wie soll das gelingen bei so viel Aggressivität der Jugendlichen hier in der City? Ich werde nie vergessen, wie King in diesem Sommer 1966 mit der Gewalt umgeht.

## Inside darkest America

Am kleinen Finger der linken Hand hat Homesick James eine kleine Metallkappe. Damit produziert er den trauriglerben »Slide«-Stil, der die jungen Leute an der Südseite Chicagos so elektrisiert. Auch mich erregt seine Musik. Homesick James kam vom Mississippi hoch in die düstere Metropole im Mittleren Westen. Er wohnt an der Südseite der Stadt, in einem schwarz-schmutzigen Haus. Und auch er rechnet sich zu den neuen aggressiven Jugend-Gruppen, den »Gangs« von Chicago, die im letzten Sommer zum ersten Mal aufbegehrten gegen die Lebensbedingungen im Slum. Homesick James und die anderen Chicago-Musiker wollen nicht mehr stumm leiden. Einer von ihnen, Bernard Green, spricht es aus: »Ich hab keine Lust, abgeknallt zu werden, weder hier noch in Vietnam. Ich möchte an Krebs sterben oder Altersschwäche.«

*Im Gespräch*

Im Juli lerne ich Bernard Green kennen. Er ist 19 Jahre alt, ist »Kriegsrat« einer der größten schwarzen Gangs von Chicago. An diesem Abend der »Blackstone Rangers« sitzt er mit drei anderen Chefs dieser Gang und 100 Jugendlichen in ausgefransten Ledersesseln, zwischen Talaren und aufgekrempelten Pullovern in einer Sakristei. Treffpunkt: The First Presbyterian Church an der 64sten Straße, mitten im südlichen Slumgebiet. Chuck La Paglia, farbig wie die anderen Jugendhelfer der First Presbyterian Church, redet mit ihnen über Vor- und Nachteile von »Krawallen« gegen die Unterdrückung ihrer Bürgerrechte. »Onkel Sam freut sich nur, wenn ihr loshaut. Dadurch macht ihr den kranken weißen Mann nicht besser.«

Dennoch denken alle, auch Chuck, daß dies oft die einzige, wenn auch nicht die beste Möglichkeit ist, um Wohlfahrtsämter, die Stadt und die Bundesbehörden in hektische Bewegung zu setzen. Nur wenn ihre verrotteten, rattenverseuchten Häuser abbrennen, haben sie eine Chance, eine neue, vom Gesundheitsamt genehmigte Wohnung zu bekommen. Das ist ihre Erfahrung. Bernard Green nimmt mich mit in sein Zuhause. Er wohnt mit acht Geschwistern in einer Vierzimmerwohnung: Küche, Klo, Flur und ein Wohnzimmer. Seine Mutter, die 250 Dollar pro Monat als Putzfrau verdient, zahlt 140 Dollar Monatsmiete. In einer weißen Arbeitersiedlung würde sie für die gleiche Wohnung 70 Dollar zahlen. Chuck hat es ihnen erzählt.

Bernhard Green hat schon mit fünf Jahren seine erste kleine Kinderbande gegründet. Die Polizisten, die »Cops«, lernte er als große Gummiknüppel kennen, die kleine farbige Jungen nicht auf der Straße spielen lassen. Natürlich hat er nicht ohne Grund dreimal in Jugendstrafanstalten gesessen. Um Vietnam braucht er sich keine Sorgen zu machen, denn die Armee zieht nur brave Afroamerikaner mit Highschool-Abschluß ein. Bernard ist mit allen schmutzigen Wassern gewaschen, und was er leistete, tat er aus einem gewissen anarchischen Zynismus: Raubüberfälle in der 63sten Straße, Rauschgifthandel, eine lange Liste großer und kleiner Irrationalitäten. Seit dem 14. Lebensjahr hat er täglich eine Pistole bei sich, »um mich und meine Geschwister zu schützen«, wie er sagt.

Ich sehe, sie sind keine Chorknaben, diese »Blackstone Rangers«, »Cobras«, »Disciples« oder wie sonst die Gangs heißen.

Aber was mich verblüfft, für sie ist es selbstverständlich, in ihren Ladenkirchen in Chatham oder Englewood Mitglied oder gar Chorleiter der Kirchengemeinde zu sein.

Ihr großer Held ist Malcolm X, der andere große Führer der Afroamerikaner in den 50er und 60er Jahren. Malcolm X war anfangs die überragende Symbolfigur in den afroamerikanischen Subkulturen der Großstadtghettos. Und das deshalb, weil er mit äußerstem Haß und mit allen Mitteln, auch der Gewalt, die »Black Power« gegen die Weißen durchsetzen wollte. Aber auch Martin Luther King ist für sie »o. k.«, seit er in Chicago den »White Dogs«, den weißen Hunden, Woche für Woche nachweist, daß sie die Bürgerrechtsgesetze von 1964 nur auf dem Papier anerkennen.

Unruhe überall, eine Unruhe, die sich jeden Augenblick wütend entladen kann.

Chuck La Paglia, der Jugendhelfer der Kirchengemeinde, holt einen Zettel aus der Tasche. Die meisten hören stumm zu, als Chuck einen King-Spruch vorliest:

»Unsere Liebe und unsere Festigkeit in der Wahrheit werden wir beweisen, indem wir dorthin gehen, wo uns der Zugang versagt ist. Das bringt unvermeidliche Leiden mit sich. Wir werden das Leiden akzeptieren. Wir werden es aber nie anderen zufügen. Wir wissen, daß wir, um eine Revolution zu gewinnen, oft durch schlimme Verletzungen durchmüssen. Wir wollen aber dafür sorgen, daß nie das Blut anderer fließt.«

Große Worte, denke ich. Aber für Martin Luther King gedeckt durch Erfahrungen. 29 Mal ist er inhaftiert worden, bevor er nach Chicago geht. Viele Amerikaner, ja fast die ganze Nation ahnt, hier in der Hauptstadt des Nordens ist die Arena für die entscheidende Auseinandersetzung mit dem Rassenhaß der weißen Mittelklasse Amerikas. Und hier entscheidet sich auch die Glaubwürdigkeit des gewaltfreien Stils der Bürgerrechtsbewegung.

## King und die Wut der jungen Afroamerikaner

An diesen Tag erinnere ich mich genau. Am 13. Juli 1966 droht eine Art Bürgerkrieg zwischen den schwarzen Gemeinden und unter den Jugendlichen auszubrechen: Am Abend eskaliert die

Lage in der Westside Chicagos. Das Telefon klingelt mehr als einmal in der First Presbytarian Church. Die »Disciples«, Erbfeinde der »Blackstone Rangers«, fragen an. Sie möchten dieses eine Mal mit den Rangers zusammen gegen die Polizei, die Hausmakler und überhaupt losschlagen. Ein weißer Polizist hatte nachmittags einen jungen Afroamerikaner niedergeprügelt.

Keiner sagt ein Wort, auch Chuck nicht. Bernard Green geht ans Telefon. Und während alle schweigen, an ihrer Zigarette saugen, erteilt er den aufgebrachten, zur Rache entschlossenen Jugendlichen eine klare Abfuhr: »Wir hier bewahren Ruhe. Wenn's hier knallt, dann kriegst ihr's mit uns zu tun. Hier geht nix hoch.«

Es geht nichts hoch an der South Side von Chicago. Am Abend des 13. Juli ist die Lage explosiv wie nie zuvor. Doch nicht die 4000 vom Bürgermeister Daley zusammengetrommelten Nationalgardisten retten die Stadt vor einem blutigen Sommer, sondern die 100 »Blackstone Rangers« und ihre Freunde von der First Presbytarian Church.

Zur gleichen Stunde, als die Polizei und die National-Guard-Männer die aufgebrachten Jugendlichen zusammentreiben, erscheint King völlig unerwartet in der Kirche. Die jungen Afroamerikaner sind begeistert, klatschen, jubeln, pfeifen, zelebrieren ein Kirchenkonzert eigenster Art. Die zweite Überraschung: King predigt nicht, führt nicht das große Wort, sondern bittet die jungen Männer, ihm zu berichten, was geschehen ist, wie sie die Zukunft der Stadt sehen und was sie als nächstes tun wollen. Er sei gekommen, sie um Rat zu fragen. Die Jugendlichen wären fast ausgeflippt. Noch nie hatte sie jemand so ernst genommen, sie um Beteiligung gebeten. Einer hält erregt den Hauser-Report hoch, die neueste Analyse der University of Chicago. Das eigentlich Diskriminierende, liest einer laut vor, sei der Mangel an Bildungseinrichtungen.

Die Public Schools in den Vierteln der Afroamerikaner sind überfüllt und mangelhaft ausgestattet, dort unterrichten schlecht ausgebildete Lehrer. Resultat der Recherchen: Das US-amerikanische Bildungswesen ist trotz erstaunlicher Revisionen noch immer ein reines Klassensystem. Wer arm ist, muß auf schlechtere Schulen gehen. Für Afroamerikaner, ja für alle sozial Schwachen heißt das, im Konkurrenzkampf um den Platz an der Sonne der

Gesellschaft hoffnungslos zurückzubleiben. Nominell – so der Hauser-Report – stehen 70 Prozent der Arbeitsplätze den Afroamerikanern in den Großstädten des amerikanischen Nordens offen. Faktisch praktizieren 66,5 Prozent der Firmen Rassendiskriminierung, und das heißt: schlechtere Jobs für black people, geringere Aufstiegschancen in gehobene Berufe und tiefe Enttäuschung.

Enttäuschung? Wir sind wütend, wir werden es ihnen zeigen, wir machen sie fertig. Haßausbrüche in der Kirche. King, immer noch zuhörend, aufmerksam. Eine junge Frau steigert den Tumult: Die Mächtigen in der City hassen uns, schreit sie, aber sie haben Angst. Und die jagen wir ihnen jetzt richtig ein. Sie hält eine Seite der »Chicago Tribune« hoch.

Die Agitatoren der christlichen Gemeinden dieser Stadt seien Opfer einer von Fidel Castro finanzierten kommunistischen Untergrundbewegung, zitiert sie. Sie hätten Waffen und Flugblätter in den Slums verteilt. Seit Monaten putschten die Kirchengemeinden die Jugendlichen auf. Die Bewegung der »Neger«pfarrer unter diesem jungen Oberpfarrer King sei eine militaristische Tarngruppe, die Jugendliche systematisch auf einen Guerillakrieg vorbereite. Und dieser Martin Luther King mache mit seinen übertriebenen Forderungen nach besseren Wohn-, Arbeits- und Ausbildungsmöglichkeiten die »Neger nur größenwahnsinnig ...«

»Neger, schreiben sie, Neger«, empören sich die Jungen. Die junge Frau hat sich jetzt King direkt zugewandt: »So sehen diese weißen Angsthasen in ihren Zeitungen Ihre Bürgerrechtsbewegung, Dr. King.« Was mich überrascht: King bleibt ganz ruhig, geht auf die unruhige Menge zu, sagt, sie hätten durch und durch recht mit ihrer Kritik am System der Ungleichheit in den Vereinigten Staaten. Aber – wir wollen ein neues Amerika. Wir werden es den anderen vormachen. Wir schlagen nicht zurück. Wir hassen unsere weißen Brüder nicht. Das haben wir nicht nötig. Kings Stimme ist sehr ruhig und fest. Er spricht ganz frei, wird leidenschaftlich: »Wir sind stolz, ohne Gewalt unsere Forderung nach Gleichheit durchzubringen. Und ihr, ihr werdet die Erben sein, die dieser Nation zeigen, wie man zusammenleben kann in dieser schönen Stadt, in eurer Stadt. Wir werden den Weißen keine

Angst einjagen. Wir beweisen ihnen, daß wir mit ihnen zusammenleben wollen. Und ihr, ihr seid das Salz der Erde, wenn ihr euren Haß unter Kontrolle bekommt. Ihr seid das Licht der Welt in dieser düsteren Zeit. Schluß mit Randale. Das überwindet nicht die Angst, unsere eigene nicht und nicht die der anderen.«

Die gleichen Worte hatte King schon in Montgomery einer empörten Menge entgegengerufen, als weiße Rassenfanatiker eine Bombe auf seine Veranda geworden hatten, um den unbequemen Pfarrer, seine Frau und seine Kinder zu beseitigen.

Auch in Chicago gelingt es King, die Empörten zu überzeugen. Er hatte an ihre konstruktiven Kräfte appelliert, an ihre Verantwortungsfähigkeit. Zeigen, wofür man lebt, hat er mir später mal nebenbei zuflüstert. Wogegen man ist, das weiß man ja immer schon.

King redet diesen wild aufgestörten Haufen in der presbyteranischen Kirche an, als spräche er zu jedem Einzelnen persönlich. Er nennt die jungen Männer »Salz der Erde«, »Licht der Welt«. Mit Bibelworten, die jeder Afroamerikaner aus den Gottesdiensten seiner Kirchengemeinde kennt. Er überschätzt sie mutig mit ebenjenen alten Metaphern.

Hat der Nazarener nicht den Unterdrückten seiner Umgebung zugerufen: Ihr seid das Licht der Welt, das Salz der Erde?

Welch suggestive Beschwörung, sich selbst als kraftvoll zu entdecken, Black-power so zu sehen. Welche Inspiration auch der Machtlosen. Welche Erinnerung daran, daß jeder, der Menschenantlitz trägt, »Kind Gottes« ist und bleibt. Daß jeder erwachsen ist und damit kein hilfloses Kind, das alles vom Vater erwartet.

Man spürt an diesem Juli-Abend, wie King mit seinen Worten das Vertrauen der jungen Leute gewinnt, langsam. Wie das Gefühl der Ohnmacht aus dem Raum weicht, wie ein Power-Bewußtsein aufkommt.

Es geht auf 22 Uhr zu, als Bernard Green, Chuck La Paglia und die anderen Gang-Chiefs aufstehen. Sie schlagen vor, dem Gemeinde-Pastor jetzt alle Waffen zu übergeben. Zur Sicherstellung, nicht endgültig. Und »damit wir nicht in Wut doch eben mal nach dem Colt greifen«. Pastor King schützt uns vor uns selber, grinst ein Junge.

Tatsächlich, ich sehe, wie die Gang-Mitglieder ihre Waffen nach vorne bringen, in die Sakristei der Kirche. Über 300 Revolver, Molotowcocktails und Maschinenpistolen werden zusammengetragen. Pastor Fry, nicht die Polizei, ist in dieser Stunde Freund und Helfer der jungen Bürger. Sie wissen, hier wird man nicht verpfiffen, und Pastor Fry wird die Schußwaffen so lange in der Sakristei neben dem Abendmahlswein in Verwahrung nehmen, bis sie – vielleicht – überflüssig geworden sind.

Die Stimmung steigt. Überraschend ist der Polizeipräsident der Stadt eingetroffen, ein Liberaler. Homesick James und die anderen spielen jetzt ohrenbetäubende Musik. Ein zweites Wunder. Auch der Polizeipräsident bittet die jungen Afroamerikaner um Mitarbeit. Ich notiere mir seine kurze Rede: »Ihr allein habt den Durchblick in euren Stadtteilen. Meine Cops kommen doch gar nicht mehr durch. Ihr seid jetzt verantwortlich. Ihr seid ab heute die Helfer, die Hilfs-Sheriffs hier. Und ihr schafft das auch.«

Tatsächlich kommt eine langfristige Zusammenarbeit der Polizei mit den Gangs zustande. Alle Afroamerikaner sind an dieser von ihnen als sinnvoll empfundenen Kooperation innerlich beteiligt. Ich erlebe in diesem Sommer noch viele andere phantasievolle Versuche, die radikalisierten Jugendlichen ernsthaft zu beteiligen.

Ich halte für mich als wesentliche Einsichten fest:

Erstens: Das Wichtigste: Martin Luther King und seine Mitarbeiter in der Southern Christian Leadership Conference trauen auch den finster dreinblickenden jungen Leuten zu, daß sie zu intelligenten eigenen Beiträgen fähig sind, um die Rechts- und Chancengleichheit in der US-Gesellschaft zu erzwingen. Er, ein glaubwürdiger Pfarrer, gewinnt wieder und wieder das Vertrauen der argwöhnisch Gewordenen, eben weil er Vertrauen in sie setzt, die Aggressivitätsdynamik in der Stadt selbständig verwandeln zu können. Statt diffuser Ohnmachtsreaktionen begegnet man in Chicago ungewohnt gewaltfreien Jugendinitiativen, im Kern Lebenslust-Inszenierungen.

Zweitens: In ihren Hilfs-Sheriff-Aktivitäten machen die unterprivilegierten Afroamerikaner und Weißen ihre Wut produktiv, verwandeln ihre zerstörenden Energien in produktive. Und das bewahrt Menschen bekanntlich davor, ins Dumpfe abzusinken oder ins Chaos, in dem die Gewalt sich vorbereitet, das Sichumbringen. Aus Opfern werden Akteure. Später werde ich bei Thea Bauriedl lesen: »Wenn ein Mensch etwas Sinnvolles getan hat, dann ist er viel weniger gefährdet, gewalttätig zu werden, denn er wird ja gewalttätig, wenn er sich ausgeschlossen fühlt.«

Drittens: Prozesse dieser Art kommen erst in Fahrt, wenn ein Anstoß von außen kommt, in Chicago durch Pfarrer, an anderer Stelle durch Sozialtherapeuten oder – viel häufiger und wichtiger – durch engagierte Bürger, außerhalb der Institutionen. Das Muster ist bekannt: Ein engagierter Mensch berührt den anderen, verängstigten mit dem kleinen Finger, bricht damit den alten Ohnmachtscode und spricht den verborgenen Code seiner Lebenskraft an, das noch unverwirklicht Mögliche. »Es flutet viel Wasser unter dem Erdboden«, notiert Albert Schweitzer (Aus meiner Kindheit und Jugendzeit. München 1991, S. 72f.). »Es muß einer den Weg finden, damit es als Quelle herausbricht.« Und weiter: »Gewöhnlich sind in den Menschen alle guten Gedanken als Brennstoff vorhanden. Aber vieles von diesem Brennstoff entzündet sich erst, ... wenn eine Flamme oder ein Flämmchen von draußen, von einem anderen Menschen her, in ihn hereinschlägt.«

Anders gesagt: Der Wärmestrom muß uns von außen treffen, um die Kälte in uns zum Glühen zu bringen. Später lese ich in der Seminar-Bibliothek, was der große amerikanische Südstaaten-Autor William Faulkner in seinem »Requiem für eine Nonne« festgehalten hat: »Ein Mensch zum Zuhören, wie wir ihn wohl alle brauchen, haben möchten, haben müssen, mehr will der Mensch ja gar nicht, braucht er ja gar nicht. Ich meine, um sich anständig zu benehmen, um den Mitmenschen nicht ins Gehege zu kommen. All diese Komplexe, von denen man uns erzählt, daß sie an der Existenz der Brandstifter und Sittlichkeitsverbrecher und der übrigen Feinde der Gesellschaft schuld sind, entstehen doch im Grunde nur dadurch, daß die Mörder und Diebe niemanden gehabt haben, der ihnen zugehört hätte. Das ist ein Gedanke, auf den die Kirche schon vor 2000 Jahren gekommen ist; sie hat ihn nur nicht weit genug verfolgt.«

King beherzigt diese alte Einsicht, geht allerdings weit übers seelsorgerliche therapeutische Zuhören hinaus, stimuliert und aktiviert die Lebenslust, mobilisiert die desorientierten Afroamerikaner überdies dazu, sich für das öffentliche Wohl der ganzen Gesellschaft einzusetzen, nicht nur für die Durchsetzung ihrer eigenen Rechte und Forderungen.

Viertens: King traut den durch die Sklaverei gedemütigten Landsleuten auch das Schwerste zu, nämlich auf die Rache zu verzichten, sich nicht länger einzulassen auf den uralten Mechanismus von Hieb und Gegenhieb. Nicht zurückschlagen – damit verblüffte ihr die anderen, höre ich den jugendlichen Friedensnobelpreisträger immer wieder sagen. Nicht mehr siegen müssen – das irritiert die anderen, die Fanatischen total. Nein, ihr sprecht eure Gegner an, erzeugt Verlegenheit. Reden bedeutet ja, den Anderen erst einmal stoppen, seine blinde Wut unterbrechen; bedeutet, für einen Moment Gewaltfreiheit haben.

Freiwillig haltet ihr den Druck der Anderen aus, und genau dadurch wandelt sich euer passives Erleiden fremder Gewalt in ein starkes, bewußtes, aktives Leiden – um der gerechten Sache willen.

Fünftens: In diesem Sommer sehe ich, King ist kein Masochist, kein mittelalterlicher Leidens-Mystiker, der leidet um des lustvollen Leidens willen.

Der schwarze Pfarrer kennt die Gefahren des selbstsüchtigen, des ohnmächtigen Leidens nur zu gut aus den Unterdrückungsgeschichten der Afroamerikaner. Ihm geht es darum, dem Ohnmächtigen ein neues Gefühl der Würde, der Selbstachtung zu eröffnen. Er sieht, daß »bewußtes Erleiden ohne zurückzuschlagen dem Niedergedrückten Selbstvertrauen vermittelt und die eigene Furchtsamkeit überwinden hilft«.

Ich beginne zu verstehen: Eben darauf kommt es an bei diesem aktiven Leiden. Denn nur, wer die eigene Furcht bändigt, kann auch den Gegner vom Zwang seiner Gewaltaufwallung freilösen. Nur durch schmerzvolles inneres Widerstehen gegen das Zurückschlagen-Wollen in der eigenen Passion kann der andere ahnen, daß ich ihm nicht nach dem Leben trachte.

## Das ohnmächtige Leiden des Opfers und die Rebellion dagegen

In diesem Sommer 1966 in Chicago begreife ich, daß man zwei Formen von Leiden unterscheiden muß: das Leiden durch Unterdrückung und das ganz andere Leiden, um der gerechten Sache willen, das man freiwillig auf sich nimmt.

Ich erlebe den schwarzen Friedensnobelpreisträger zum ersten Mal in den Vierteln hinter der 63. Straße. Dort, in den heruntergekommenen Häusern der South-Side sind die schwarzen Familien aus den Südstaaten gestrandet. Sie wohnen in rattenverseuchten Räumen, ohne Zukunftsperspektiven, aber von der Sehnsucht erfüllt, zurückzukönnen, irgendwohin, wo die Kälte des Nordens sie nicht mehr quält. Ich begreife, daß für den Pfarrer die schreckliche Schicksalsergebenheit seiner schwarzen Mitbürger ein Haupthindernis ist. Es muß Reverend King schmerzen, die Stimme von Big Joe Williams zu hören oder die Klage-Blues der anderen vom Mississippi, die ihr Elend nur traurig heraussingen, ohne dagegen aufzubegehren. Joe Williams beispielsweise, der seit 1935 schon im Oxford Coffee House an der North Avenue vom »Highway 49« singt, von der Straße zurück in den Süden. Oder Jimmy Cotton, den ich in diesem heißen Sommer jeden Freitagabend in einem heruntergekommenen Jazz-Café an der South-Side singen höre: »I'm going to raise no more cotton ...« Ich will nicht mehr Baumwollsklave sein ...

Wie Big Joe Williams und Jimmy Cotton ist auch King ein Mann des Südens. Aber früh schon mißtraut er den Emotionen der Ohnmächtigen, will weg vom Händeklatschen und Halleluja-Schreien der alten Gottesdienste, will mehr, als nur die Trauer im Blues auflösen.

Zu lange schon hatte man in den Kirchen und Familien des Nordens Demut gepredigt, Ergebung in ein auf Erden noch nicht veränderbares Sklavenschicksal. Zu lange hatte die »Onkel-Tom-Ideologie« in den Köpfen der Schwarzen geherrscht, wie die jungen Leute um Malcolm X mit wegwerfender Geste sagen.

Malcom X, der Mann mit dem geheimnisvollen Namen, gehört – wie King – zu einer neuen Generation von Afroamerikanern, er ist eine faszinierende Erscheinung der amerikanischen

Kultur, entschlossen – wie King – , das Schicksal von 23 Millionen schwarzer Bürger der USA fundamental zu ändern. Was für sie auf dem Spiel steht, können wir heute ahnen, wenn wir die Autobiografie von Malcom X lesen. Sie beginnt so:

»Als meine Mutter mit mir schwanger war, galoppierte eines Nachts – so erzählte sie mir später – eine Gruppe von Ku-Klux-Klan-Reitern mit verhüllten Gesichtern in Omaha im Staate Nebraska. Sie umstellten das Haus, schwenkten Schrotflinten und Gewehre und schrien nach meinem Vater. Meine Mutter ging zur Tür und öffnete sie. Sie stellte sich so hin, daß man ihren Zustand erkennen konnte und erklärte, sie sei mit ihren drei kleinen Kindern allein zu Hause; mein Vater sei nicht da, er predige in Milwaukee. Die Männer vom Klan drohten ihr und schrien ihr zu, wir sollten uns in acht nehmen, wir sollten machen, daß wir weg kämen, denn ›die guten weißen Christenmenschen‹ wollten es sich nicht bieten lassen, daß mein Vater unter den Negern von Omaha ... Unruhe stifte. ... Die Männer vom Ku-Klux-Klan gaben ihren Gäulen die Sporen, galoppierten, immer noch Drohungen ausstoßend, um das Haus herum, schlugen jede einzelne Fensterscheibe mit den Kolben ihrer Flinten ein und ritten, so unvermittelt wie sie erschienen waren, mit brennenden Fackeln davon.«

Reverend Earl Little, Malcolms Vater, war – wie Martin Luther Kings Vater – Baptistenprediger. Er stammte aus Georgia, wo er drei, vielleicht auch vier Jahre lang die Volksschule besucht hatte. Er war überzeugt davon, daß die Schwarzen in Amerika niemals Freiheit und Selbstachtung erlangen könnten, daß sie Amerika deshalb den Weißen überlassen und in das Land ihrer Herkunft, nach Afrika, zurückkehren sollten. Für diese Aktion hatte der Vater von Malcolm X sein Leben riskiert: Er hatte die Lehre unter seinen Leuten verbreitet, weil vier seiner sechs Brüder eines gewaltsamen Todes gestorben waren; drei waren von Weißen getötet, einer war gelyncht worden. Nur eines der acht Kinder von Paul und Louise Little sollte eines natürlichen Todes sterben. Malcolm X trägt dazu in sein Tagebuch ein:

»Ich habe stets geglaubt, daß auch ich einmal eines gewaltsamen

Todes sterbe werde, und habe mich nach besten Kräften darauf vorbereitet.«

Als Malcolm X vier Jahre alt ist, kommt es zu jener grausigen Nacht, die ihm unauslöschlich in Erinnerung geblieben ist. In seinem Tagebuch notiert der schwarze Freiheitskämpfer später:

»Ich wurde plötzlich aus dem Schlaf gerissen und in ein Chaos aus Rauch, Flammen, Geschrei und Geschieße gestoßen. Mein Vater schrie und feuerte hinter den beiden weißen Männern her, die das Haus in Brand gesteckt hatten und nun fortliefen. Das brannte uns über dem Kopf ab. Wir stießen und drängten einander ins Freie. Meine Mutter rannte, den Säugling auf dem Arm, im letzten Moment heraus, und dann stürzte das Haus zusammen. Ich weiß noch, daß wir nachts in unserer Unterwäsche im Freien standen und aus Leibeskräften schrien. Weiße Polizisten und Feuerwehrleute trafen ein und sahen ruhig mit an, wie das Haus runterbrannte.«

Das war im Jahre 1929. So und schlimmer aber war es immer schon gewesen, seit im 16. Jahrhundert die ersten Schwarzen aus Afrika verschleppt wurden, nachdem sich herausgestellt hatte, daß die Landeseinwohner, die Indianer, unbrauchbar waren zum Sklavendienst. Die Indianer hielten den körperlichen Strapazen in Bergwerken und auf den glühendheißen Erntefeldern im Süden der USA nicht stand. So wurden im Laufe der Zeit gut 15 Millionen Afroamerikaner in die neue Welt verladen und als Zwangsarbeiter eingestellt.

Diese Geschichte nimmt sich in der Sicht eines schwarzen amerikanischen Historikers folgendermaßen aus:

»Unser Land war von Anfang an rassistisch orientiert. Die ersten Einwanderer mordeten eine ganze Nation dahin, die ihnen die Friedenspfeife angeboten hatte. Dann plünderten die Weißen die afrikanischen Westküsten, mordeten Millionen und versklavten Millionen dank der Überlegenheit ihrer technischen Zivilisation. Damit begann das Problem – aber nicht das der Schwarzen, sondern das der Weißen. Es begann mit der Sklaverei, mit der weiße Leute schwarze Leute für nichts schuften ließen und sich zu rechtfertigen suchten durch die Berufung auf ihre rassische Überlegenheit und auf Gottes Fügung. Aber das Grundmotiv war und ist noch heute Ausbeutung, grausame ... Ausbeutung.«

Und die Kirchen? Zweifellos sind sie die älteste amerikanische Organisation der Schwarzen. Jahrhundertelang waren sie auch der einzige Ort, wo die Schwarzen wenigstens für einige Stunden die Illusion der Freiheit genossen, die liturgische Befreiung anstelle der sozialen.

»It is no secret, what God can do«, singt der Chor der Fellowship Baptist Church von der 47sten Straße Chicagos, einer Kirche, aus deren Gemeinde King später Jesse Jackson und andere seiner besten Mitarbeiter holt. Anfang der 60er Jahre war die Gemeinde noch empfänglich für die Predigt der Demut, für die Ergebung in ein politisches Schicksal, das doch nicht zu ändern sei. Reverend Clay Evans, der pietistische Pfarrer der Fellowship-Baptistengemeinde, glaubte, die Frömmigkeit der Schwarzen sei wichtiger als deren Emanzipation, mochten dabei auch noch so groteske Herr-und-Sklave-Verhältnisse gerechtfertigt werden. »The Lord will make a way«, rief Evans, »der Herr wird einen Ausweg finden.«

Ungeheuer war das Echo, als der schwarze Baptisten-Pfarrer Martin Luther King im Sommer 1963 aufrief zum Freiheitsmarsch in die Bundeshauptstadt, direkt vor die Arbeitsräume des Präsidenten der Vereinigten Staaten. Befreiend für die alten und herangewachsenen Schwarzen, als King vor dem Abraham-Lincoln-Denkmal erklärt, jetzt sei der Zeitpunkt für die Schwarzen gekommen, Recht und Würde zu fordern, ja zu erkämpfen. Lange, zu lange hätten die Schwarzen gewartet. Onkel Tom, das Urbild des treuen, fatalistischen »Negers«, der weiße Herrschaft über sich immer verzweifelt hingenommen habe, dieser Onkel Tom müsse nunmehr endgültig verschwinden.

Viele der tonangebenden Denominationen Chicagos haben die Bürgerrechtsbewegung zu ihrer ureigensten Sache erklärt, als King in der Stadt zu Protestaktionen aufruft. Der Soziologe Saul Arlinsky, der sich einen leidenschaftlichen Atheisten nennt, kommentiert: »Die Christen haben heute die Aufgabe der Gewerkschaften übernommen. Ich arbeite gern mit ihnen zusammen. Die Gewerkschaften segnen jetzt mehr das Establishment und verschlafen die Revolution.« Doch King muß auch innerhalb der Kirche Vorbehalte überwinden. Am 9. August 1966, als die Protestmärsche der Freiheitsbewegung in Chicago das Ziel einer Öffnung der weißen Ghettos fast erreicht zu haben schienen, winkt Erzbischof Cody ab. John P. Cody, episkopaler Herr über 2341000 Chicagoer Katholiken, Bischof der größten Erzdiözese des Weltkatholizismus also, Cody läßt die protestantischen Civil-Rights-Gruppen um King auf dem Höhepunkt der Aktionen im Stich. In einem offenen Brief äußert er: »Die Bürgerrechtsmarschierer sind moralisch und juristisch im Recht, wenn sie unsere Aufmerksamkeit auf die Segregation der Wohnviertel zwingen. Aber wenn die Demonstrationen andauern, kann es zu ernsthaften Zwischenfällen, ja Todesfällen kommen ...«

Das Zögern des Bischofs, den man wegen seiner Couragiertheit im Rassenkampf erst aus New Orleans in den Norden berufen hat, wirkt als Rückschlag auf die »Chicago Freedom Movement« Dr. Kings. Die rassistische weiße Mehrheit der City hingegen feiert diese katholische Reaktion als Sieg der weißen Sache in der Hauptstadt des amerikanischen Nordens. Gut 300 Nonnen und Priester ziehen jedoch ungeachtet der bischöflichen Mahnungen am 3. September 1966 mit in der Demonstration durch Cicero. Der schwarze Baptisten-Pfarrer King hatte die Bürgerrechtler zum Protestmarsch in diesem strikt katholischen, reichen Vorort Chicagos aufgerufen. Die eingangs geschilderte Aktion sollte ein Freiheitsmarsch für viele werden.

Daß der Widerstand gegen Gleichberechtigung in Chicago vor allem in strikt katholischen Vierteln aufflammt, verstört nicht nur Dr. King und die Seinen. Auch katholische Laien reagieren mit Nachdruck. So John McDermott, Exekutivdirektor des Katholischen Büros für Rassengleichheit in Chicago. »Viele Pfarrer meinen noch immer, der Rassenhaß weißer Katholiken könne auf leichte, geräusch- und schmerzlose Weise beseitigt werden, ohne Risiko und ohne Streit. Das sind die Leute, die immer sagen: ›Streit bedeutet einen Rückschlag für die Integration der Rassen.‹ Was sie tatsächlich meinen, ist, daß die Kirche ihren weißen Gliedern mehr die Furcht vor den Schwarzen nehmen müsse, während es doch gerade umgekehrt ihre Aufgabe wäre, den gerechten Wünschen ihrer schwarzen Glieder allen möglichen Nachdruck zu verleihen ...«

In der Tat ist das sogenannte »Neger«-Problem im Kern nichts als ein Problem der Weißen. Ein peinliches Faktum, das von all denen verdrängt wird, die den Freiheitskampf der Armen in die Nähe des Kriminellen rücken. Schon Worte wie »Rassenkrawalle« und »Unruhestifter« verdunkeln die berechtigten Forderungen der Gleichheitsbewegung. In den Herbst- und Wintermonaten 1966/67 in Chicago wird deutlich, daß nur die politische Macht, die Macht einer organisierten Bürgerrechtsbewegung die ungerechten Verhältnisse aufzubrechen vermag. Die neue Qualität von Kings Handeln wird bestimmt durch eine aktive Boykottpolitik, eine straffe Gruppenorganisierung und eine charismatische Führung.

King ist in Chicago nicht der mild stimmende Pfarrer aus Atlanta geblieben, von dem die »Chicago Tribune« schreibt, er rede von gewaltloser Revolution und Leiden. De facto rückt er nahe an die jungen und jüngsten schwarzen »Black-Power«-Führer um Stokeley Carmichael heran, die den sturen anti-weißen Rassismus der Black-Muslim-Agitatoren zwar vermeiden, aber im Sinne des gewandelten Malcolm X operieren, der ermordet wurde – vielleicht, weil er sich gewandelt hatte.

Am Jahresende 1966 wird deutlich: Kings Forderung einer strukturellen Reform radikalisiert auch die Haltung seiner Gegner. Einer seiner weißen Mitarbeiter, der Theologieprofessor Spike, wird in einem Hotelzimmer verstümmelt aufgefunden. Und fast täglich wird einem Pfarrer Stellung und Job von seinen Gemeinden gekündigt, weil er die Sache der Afroamerikaner zu sehr als Sache der Christen vertritt.

## King und Malcolm X: Brüder und Gegenspieler

Wir können dieses Problem nicht mit vergeltender Gewalt lösen. Wir müssen Gewalt mit Gewaltlosigkeit entgegenwirken ... Wir müssen unsere weißen Brüder lieben, ganz egal was sie uns antun ... Denkt daran, sollte ich angehalten werden, diese Bewegung wird nicht enden, weil in dieser Bewegung Gott steckt.

*Martin Luther King, Montgomery, 30. Januar 1956*

Die Hölle befindet sich genau hier in Nordamerika ... Es ist die Hölle, wenn man nicht frei ist und wenn man nicht gerecht behandelt wird. Und es ist die Hölle, wenn keine Gleichheit herrscht ... Der Teufel ist derjenige, der euch Gerechtigkeit raubt ... Der Teufel ist derjenige, der euch das Recht raubt, ein menschliches Wesen zu sein. Ich muß euch nicht sagen, wer der Teufel ist. Ihr wißt wer der Teufel ist!

*Malcolm X, New York, 1. August 1957*

Im Februar 1946 wurde der zwanzigjährige Malcolm X wegen Einbruchs und Diebstahls zu sechsjähriger Gefängnisstrafe verurteilt. Zur gleichen Zeit stürzte sich der siebzehnjährige Martin Luther King begeistert in sein Studium am Crozer Theological Seminary. »Malcolm war ein haßerfüllter junger Mann«, schreibt Britta Waldschmidt-Nelson, seine scharfsinnige Biographin, »der Gott und die Welt derart verfluchte, daß seine Mitgefangenen ihm den Spitznamen ›Satan‹ gaben.« (Gegenspieler. Martin Luther King – Malcolm X. Frankfurt a.M. 2000; einen Überblick über Literatur zu Malcolm X bis 1986 liefert Timothy Johnson, Malcolm X: A Comprehensive Annoted Bibliography, New York/London 1986.)

Man kann sich kaum einen größeren Gegensatz vorstellen als zwischen diesen beiden großen Schwarzamerikanern. King trat zeit seines Lebens für das Miteinander von Afroamerikanern und Weißen ein, während Malcolm X die strikte Trennung der Rassen propagierte.

King betrachtete die Unterschiede der Rassen als Bereicherung der Kultur. Er wollte ein gleichberechtigtes Nebeneinander der verschieden Bleibenden. Malcolm X hingegen sah die Weißen pauschal als bösartig an, wollte die Schwarzen vor den in seinen Augen durchweg minderwertigen Weißen schützen, geriet dadurch in einen umgekehrten, schwarzen Rassismus. Die Weißen seien in Wahrheit Teufel in Menschenperson, hatte man dem jungen Malcolm schon als Kind eingebleut. King hingegen erkannte, daß nicht die Weißen an sich das Übel darstellen, sondern daß Rassismus und Armut das gesellschaftliche Böse sind, das vor Jahrhunderten politisch entstanden ist und daher auch politisch bestritten werden muß. Während King schon als Jugendlicher erlebte, daß nicht alle Weißen Rassisten waren, war diese Erfahrung Malcolm X nicht beschieden.

Wie konnte es zu so fundamentalen Gegensätzen zwischen diesen beiden jungen Schwarzen kommen? Beide waren in den 20er Jahren als Söhne von Baptistenpfarrern geboren. Beide hochintelligent, von politischer unreligiöser Leidenschaft bewegt.

Während King in einem wohlhabenden bürgerlichen Milieu aufwuchs, wurde Malcolm X am 19. Mai 1925 als viertes Kind von Paul Little und seiner Frau Louise geboren. Vier weitere Geschwister kamen noch hinzu, abgesehen von den drei Halbgeschwistern aus der ersten Ehe seines Vaters. Während Martin Luther Kings Eltern eine gewaltfreie, liebevolle Ehe zustande brachten, mißhandelte Malcolms Vater seine Mutter und die Kinder. Es wurde geprügelt in Malcolms Jugend, und er war bereits früh vaterseelenallein.

Als er sechs Jahre alt wurde, 1931, kam Malcolms Vater auf grauenhafte Weise um. Er wurde zerstückelt auf den Schienen einer Straßenbahn gefunden. Ob er von weißen Rassisten aus der Tram geworfen worden war, blieb ungeklärt.

Die alleinstehende Mutter von acht Kindern vermochte die Familie nicht länger zu ernähren. Sie brach zusammen, wurde in eine Nervenanstalt gebracht, wo sie noch 26 Jahre ihres Lebens dahindämmerte.

Malcolm stahl verzweifelt Lebensmittel für seine Geschwister, wurde in ein Heim für schwer erziehbare Jugendliche eingewiesen, brach aus und begann eine regelrechte Karriere als Krimineller in der Harlemer Subkultur. Im Februar 1947 wurde er wegen Drogenhandels und bewaffneter Überfälle von einem weißen Gericht zu sechs Jahren Haft verurteilt.

Während Martin Luther King im gleichen Alter sein Grundstudium beendete, weiße Lehrer fand, die ihn inspirierten, Eltern hatte, die alles für ihn taten, war Malcolm X der verlorene Sohn wie so viele junge Afroamerikaner in den Vereinigten Staaten der 50er Jahre. Es erschien ihm als Realität, daß alle Weißen Teufel waren und das Elend der Schwarzen seit der frühen Sklaverei des 16. Jahrhunderts verschuldet hatten.

Im August 1952 begegnet der junge Malcolm Little in Chicago zum ersten Mal Elijah Muhammed, der sich als »Botschafter

Allahs« und Guru aller »Black Muslims« feiern ließ. Malcolm beschloß, sein Leben ebenfalls in den Dienst Allahs zu stellen. Er wurde Prediger der »Nation of Islam« (NOI), jener schwarzen Sekte, die eine strikte Separation von Schwarzen und Weißen anstrebte. Malcolms Reden waren ironisch und witzig. Man erlebte einen passionierten Redner, einen klugen schwarzen Intellektuellen, einen Mann mit religiöser Inbrunst und politischer Verve. Viele junge Schwarzamerikaner waren begeistert. Und Malcolm fühlte sich jetzt, ab 1952, zum ersten Mal in seinem Leben anerkannt, von einer Vaterfigur begleitet und getragen von seiner radikalen Idee. Er bekam nur ein minimales Honorar, das er obendrein seiner islamischen Organisation übergab. Er war ein Asket in seiner Lebensführung, ein Fanatiker im Glauben und ein Puritaner in der Moral. Es war daher ein Schock für den jugendlichen Führer, als er dahinterkam, daß sein bewundertes Idol Muhammed mehrere seiner Sekretärinnen in sexuelle Abhängigkeit gezwungen hatte und die unehelichen Kinder aus der Organisationskasse bezahlen ließ. Malcolm stellte den Anführer der »Nation of Islam« zur Rede. Und Muhammed erkannte sofort die drohende Gefährdung seiner Autorität. Er beauftragte einen Gefolgsmann der Zentrale in Chicago, eine Bombe in Malcolms Auto zu montieren.

Malcolm Little hatte schon früh den Nachnamen X gewählt, um den Sklaven-Namen seines Vaters zu tilgen. Jetzt aber, 1964, mußte Malcolm zur Kenntnis nehmen, daß Martin Luther Kings Strategie der Rassen-Gleichstellung aller Schwarzen zum Erfolg geführt hatte, ein Ziel, das doch auch er als ersten Schritt verfolgte.

Es kam wiederum zu einer dramatischen Wende in Malcolms Biographie. Er setzte sich demonstrativ ab von Muhammeds »Nation of Islam«, gründete eine neue schwarze Organisation, die »Muslim Mosque Incorporated« (MMI). Sie sollte auch Nicht-Muslimen offenstehen. Die alte Zielvorstellung einer Rückkehr nach Afrika verschwand aus dem Programm. Als primäres Ziel sah Malcolm X jetzt die Verbesserung der Lebensbedingungen schwarzer Amerikaner in der Vereinigten Staaten, »bessere Ernährung, Kleidung, ... Bildung und bessere Arbeitsplätze – jetzt sofort« (zitiert nach Britta Waldschmidt-Nelson, S. 116). Um dies zu erreichen, sah sich Malcolm X nunmehr genötigt, mit den Führern der Bürgerbewegung Kings zu kooperieren. Noch ein Jahr zuvor hatte er King als Feigling und »Onkel Tom« verhöhnt. Jetzt aber, nach den sichtbar gewordenen größeren Erfolgen der gewaltfreien Bürgerrechts-Strategie, erklärte der revolutionäre Führer: »Ich beabsichtige nicht, andere schwarze Führer oder Organisationen zu bekämpfen. Wir müssen einen gemeinsamen Ansatz finden, eine gemeinsame Lösung für ein gemeinsames Problem. Von dieser Minute an habe ich alles Schlechte vergessen, was alle anderen Führer je über mich gesagt haben, und ich bete, daß auch sie die vielen schlechten Dinge vergessen können, die ich über sie gesagt habe.«

Anfang April 1964 stellte Malcolm X nun überraschend demonstrativ heraus, seine Ziele und die der Bürgerrechtsbewegung seien die gleichen. Ja, sein eigenes Ziel, die strikte Separation von Schwarzen und Weißen, sei nur eine andere operative Methode, den Rassismus der Weißen zu überwinden, als jene total andere, integrative, die Martin Luther King wählte. »Wir alle haben das gleiche Ziel«, betonte Malcolm, zur öffentlichen Überraschung. »Dieses Ziel ist Freiheit, Gerechtigkeit, Gleichheit. Integrationismus ist nur eine Methode, die andere Gruppen benutzen, um Freiheit, Gerechtigkeit, Gleichheit und Respekt als Mensch zu erlangen. Separatismus ist nur eine Methode, die von anderen benutzt wird, um Freiheit, Gerechtigkeit, Gleichheit und Menschenwürde zu erlangen. Unsere Leute haben den Fehler gemacht, die Methode mit dem Ziel zu verwechseln. Solange wir uns über die Ziele einig sind, sollten wir uns nie entzweien, nur weil wir an verschiedene Methoden, Taktiken oder Strategien glauben.«

Jetzt, im Frühjahr 1964, ist Macolm X bemüht, den qualitativen Gegensatz von gewalttätigem Protest und strikt gewaltfreien Lebensformen auf Fragen der äußeren Techniken zu reduzieren. »Für die Methode der Gewaltlosigkeit gegenüber gewalttätigen Rassisten fehlte ihm weiterhin jedes Verständnis«, hält Waldschmidt-Nelson in ihrer Biographie fest. Im Gegenteil, Malcolm empfahl allen schwarzen Männern, sich unverzüglich zu bewaffnen.

Diesen »Ruf zu den Waffen« verurteilte Martin Luther King

scharf. Er sah sofort, daß die Frage der Gewalt eben keine formale, keine nur methodische war, sondern die entscheidende, die Substanz der eigenen Grundhaltung betreffende (vgl. meine Gesamtdarstellung der Philosophie und Praxis von Kings Non-violence-Konzept in diesem Buch, S. 96–104). King betonte aber, daß er gerne mit Malcolm über diese Unterschiede diskutieren würde. Dazu sollte es nicht mehr kommen.

Am 27. Februar 1965 erschien der charismatische schwarze Führer zu einem Massenmeeting seiner Organisation in New York City. Er begrüßte das begeistert klatschende Publikum, als plötzlich Schüsse die Luft zerrissen. Malcolm brach zusammen, vor den Augen seiner Familie. Er war sofort tot.

Drei Männer wurden im anschließenden Tumult überwältigt. In ihren Mänteln hatten sie Pistolen. Waren es NOI-Mitglieder, gedungene Killer, von Elijah Muhammed geschickt? War der US-Geheimdienst am Attentat beteiligt? Nach einjährigem Prozeß wurden drei Männer zu lebenslanger Haft verurteilt. Ob sie wirklich den großen Malcolm X getötet haben? Sein Tod blieb ungeklärt, wie der Martin Luther Kings.

Rund 1500 Schwarzamerikaner gaben am 27. Februar 1965 Malcolm X in Harlem das letzte Geleit. Es war kein Staatsbegräbnis wie das Martin Luther Kings am 9. April 1968 in Atlanta.

Still und gebannt lauscht die Menge, als der schwarze Schauspieler Ossie Davis sagt: »Malcolm war unsere Mannhaftigkeit, unsere lebenslange schwarze Mannhaftigkeit ... Er war und ist ein Prinz – unser eigener schwarzer Prinz! –, der nicht zögerte zu sterben, weil er uns so sehr liebte.«

Malcolm X und King, beide stellen eine Herausforderung dar, nicht nur eine amerikanische Herausforderung, sondern eine für alle Länder der gegenwärtigen Welt. Britta Waldschmidt-Nelson hat recht, wenn sie sagt: »Das gemeinsame Ziel, das Malcolm und Martin am Ende ihres Lebens anstrebten – eine Gesellschaft, in der ethnische Minderheiten genauso stolz an das Erbe ihrer Vorfahren erinnern können wie die Mehrheit, ohne daß dies zur politischen oder ökonomischen Anstrengung führt –, ist noch längst nicht erreicht.«

Der Traum lebt weiter.

# Lebensstationen Martin Luther Kings

*1929–1963: Von Atlanta nach Washington*

## Jugendjahre, Coretta, Busstreik, Birminghams Kinderkreuzzug

Am 15. Januar 1929 wird Martin in Atlanta (Georgia) geboren.

Sein Vater, ein stolzer protestantischer Pfarrer, tauft den Kleinen auf den Namen des deutschen Reformators Martin Luther King junior.

Der Junge wächst behütet und komfortabel auf, zusammen mit zwei Geschwistern. Martins Vater hatte sich vom Tagelöhner zum renommierten Pastor in Atlanta hochgearbeitet. »Daddy King« wollte nur das Beste. Er, ein machtvoller schwarzer Patriarch, redete seinem Lieblingssohn bis zum Schluß bei allen Entscheidungen rein.

Der kleine Martin Luther enttäuscht die Eltern nicht. Er hat schon früh den jungenhaften Charme, der ihn sein Leben lang für viele so anziehend macht. Sein Teint weist ein »vorteilhaftes Braun« auf, wie die weißen Nachbarn aufatmend feststellen. Der Junge hat auch ein Charisma besonderer Art – eine ungewöhnlich warme, volle Baritonstimme. Und er kann schon früh spontan und »powerful« reden. Kein Wunder, daß er seine Mitschüler bis in die College-Zeit immer wieder fasziniert.

Der heranwachsende junge Mann ist keiner der baumlangen Baseball-Spieler. Trotzdem spielt er passioniert Baseball und Football, gilt – stämmig-athletisch, wie er ist – auch als guter Boxer in seiner Klasse.

Die Schule durchläuft der intelligente Pfarrerssohn spielend, überspringt die neunte und die zwölfte Klasse der Booker-T-Washington-Schule, wird 1944 mit fünfzehn zum Morehouse College zugelassen, der einzigen Hochschule für Schwarze in jenen Jahren.

Zunächst will King Arzt werden. Dann aber Pfarrer. Kaum achtzehnjährig, wird er tatsächlich zum Pastor im Hilfsdienst ordiniert, studiert aber in erster Linie weiter, zunächst am Theologischen Crozer-Seminar in Chester (Pennsylvania), 1948–1951, mehr als 1000 Kilometer von Atlanta entfernt. Kein Hotel Mama. Als er zweiundzwanzigjährig mit dem Bachelor am Crozer-Seminar abschließt, will sein Vater ihn unbedingt zur Rückkehr in den schwarzen Süden der Vereinigten Staaten bewegen. Er fürchtet, der Hochbegabte würde eine Uni-Karriere machen, weit entfernt von den armen Schwarzen in Atlanta. Aber der Sohn setzt sich gegen den Vater durch. Er geht nach Boston, an die Ostküste, ins Zentrum der amerikanischen Elite-Universitäten Harvard und MIT. An der Boston University wird er vier Jahre später promoviert. Er arbeitet über den Gottesbegriff von Paul Tillich, jenem berühmten deutschen Theologen der modernen Kultur, der als Privatdozent im Berlin der zwanziger Jahre schon die Studenten beeindruckte. King liest Kierkegaard und Friedrich Nietzsche. Er arbeitet sich durch Hegels Rechtsphilosophie und ist fasziniert von Karl Marx' Frühschriften. Karl Jaspers, Jean-Paul Sartre und Martin Heidegger sind Denker, deren Werke er förmlich verschlingt. Aber alle diese europäischen Philosophen können ihn nicht so in den Bann ziehen wie die großen amerikanischen Sozialphilosophen und die religiösen Menschenrechtspraktiker.

## Die Vorbilder

### Henry D. Thoreaus »Über die Pflicht zum Ungehorsam gegen den Staat«

Dieser Essay hat King als Student ungemein beeindruckt, er wird für ihn zur Offenbarung. In dieser Programmschrift finden sich Sätze wie: »Nicht für einen Augenblick kann ich eine politische Organisation als meine Regierung anerkennen, die zugleich auch eine Regierung von Sklaven ist.« Und: »Unter einer Regierung, die irgend jemanden unrechtmäßig einsperrt, ist das Gefängnis der angemessene Platz für einen gerechten Menschen ... es ist das einzige Haus in einem Sklavenstaat, das ein freier Mann in Ehren bewohnen kann.« (Henry David Thoreau: Über die Pflicht zum Ungehorsam gegen den Staat. Zürich 1973, S. 11, 20)

»Der Gedanke, daß man sich weigern sollte, mit einem bösen System zusammenzuarbeiten, faszinierte mich so sehr, daß ich das

Werk nochmals las.« Solche Töne sucht der junge amerikanische Student bei Martin Heidegger vergeblich, weder Hegel, geschweige die deutschen Theologen der dreißiger und vierziger Jahre des 20. Jahrhunderts wagen sie vorzubringen. Thoreau, jener tollkühne Radikaldemokrat, jener antiautoritäre Lehrer der amerikanischen Jugend, hatte 1949 bereits zu Steuerboykott und Widerstand gegen seine Regierung aufgerufen: »Wenn das Gesetz aus dir einen Helfershelfer für das Unrecht macht, das einem anderen zugefügt wird, dann, so sage ich, brich das Gesetz. Ich denke nämlich, wir sollten zuerst Menschen und erst in zweiter Linie Untertanen sein. Darum ist es auch nicht wünschenswert, Gesetzesrespekt zu kultivieren als vielmehr den gebotenen Respekt vor dem ungeschriebenen Recht. Wenn Nötigung und Ausbeutung sich organisieren, dann sage ich: Wir wollen einen solchen Unterdrückungsmechanismus jetzt nicht mehr länger dulden.«

Solche Appelle liest der Student King mit Herzklopfen, ist er doch zu Hause zu striktem politischem Wohlverhalten angeleitet worden. Pflichterfüllung war das väterliche Ethos. Die »Pflicht zum Ungehorsam«, Thoreaus anarchistische Botschaft, wird zum Stachel, der sich in das Herz des freiheitsdurstigen jungen Mannes aus Atlanta senkt. Mit der staatsbürgerlichen Loyalität zu brechen, das bedeutet für Martin Luther junior auch, mit dem schwarzen Elternhaus über Kreuz zu geraten.

In den kommenden Jahren werden Thoreaus Sätze über die politische Wirkung schöpferischer Minderheiten für King besonders wichtig. Er hätte die jungen Schwarzen im Chicagoer Sommer von 1966 nicht in der First Presbyterian Church als »Salz der Erde« ansprechen können, wäre er nicht überzeugt worden von Thoraus Einsicht: »Eine Minderheit ist so lange machtlos, wie sie sich der Mehrheit anpaßt, und dann ist sie noch nicht mal eine Minderheit. Aber sie ist unwiderstehlich, sobald sie ihr ganzes Gewicht einsetzt.«

## Mahatma Gandhi, Vorreiter phantasievoller Protestformen

Zweiter großer Lehrmeister Kings wird Mahatma Gandhi. Wie die meisten Studenten hatte er von den legendären Aktionen des indischen Pazifisten nur gehört. Aber im Crozer-Seminar begegnet ihm der Dozent A.J. Muste, ein leidenschaftlicher Gandhi-Verehrer. Der zwanzigjährige Student wird von Dr. Muste mitgerissen, kauft sich alle Bücher über Gandhi, die er bezahlen kann, und beginnt, sich in Gandhis Philosophie des gewaltfreien Widerstands einzuarbeiten. Gandhi, der seine Landsleute in Indien zur bewußt gewaltfreien Revolte gegen die britische Kolonialherrschaft brachte, bleibt zeitlebens Kings großes Vorbild. King erkennt: Zum ersten Mal im 20. Jahrhundert ist es gelungen, die Rechte der Rechtlosen ohne Blut und Tränen zu erkämpfen. Er beginnt, Gandhis Methode regelrecht zu studieren. Er liest: 1930 hatten Gandhis Anhänger eine Tempelstraße bei Bombay besetzt, um den Durchgang aller Inder zu erzwingen. Die Engländer aber hatten nur einigen wenigen Bevorzugten freie Fahrt gestattet. Die Spannung zwischen den Besetzern und der britischen Polizei war dem Siedepunkt schon gefährlich nahe. Da verließen Gandhi und die Seinen ihre Posten für drei Stunden, um die Soldaten ihrer Majestät nicht übermäßig der ungewohnten tropischen Mittagshitze auszusetzen. Großmütig könnte man dieses Verhalten nennen.

Im südafrikanischen Bergwerksgebiet bei Newcastle marschierte im Oktober 1913 der Pilgerzug indischer Gastarbeiter unter Gandhi durch das Land. Gleiche Rechte für die »Kulis« forderten sie von der Regierung Südafrikas. Die aber ordnete den Knüppeleinsatz ihrer Polizei an. Unvermutet begann zur gleichen Zeit ein Streik der Eisenbahner, der die Regierung in die Enge trieb. Gandhi unterrichtete seinen Gegner, den Regierungschef General Smuts, er wolle seine eigene Kampagne so lange aussetzen, bis es der »weißen« Regierung gelungen sei, ihre Probleme an der anderen Front zu bereinigen. Eine Entscheidung, die großmütig war, aber auch weise, denn genau diese Handlungsweise isolierte die südafrikanische Apartheid-Regierung moralisch vor der Weltöffentlichkeit. Schließlich, Ende 1913, mußte sie Gandhis Forderungen nachgeben.

Eine andere Episode aus dem Leben des Mahatma beeindruckt Martin Luther King nachhaltig. Es ist jener Vorfall im Palast des britischen Vizekönigs nach dem berühmten »Salzmarsch« Gandhis im Jahre 1930.

Drei Wochen lang war Gandhi, zusammen mit 79 Anhängern, zur Küste gewandert, ein Weg von 241 Meilen. Schließlich, am 6. März 1930, hob er eine Handvoll Salz vom Strand des Meeres bei Dandi auf. Symbolisch verstieß er damit gegen das Verbot der englischen Besatzungsmacht, das Salz selbst zu gewinnen. Es war ein Akt des zivilen Widerstands, der Massen von Indern ermutigte, ihrerseits das lebensnotwenige Salz selber herzustellen, es auf eigene Faust zu verkaufen und so die britische Salzsteuer zu umgehen. Eine Gesetzesübertretung zugunsten elementarer Bedürfnisse von Menschen, eine Geste politischer Radikalität, die Gandhi ins Gefängnis brachte, zugleich aber die Engländer nötigte, auf die Forderungen Gandhis einzugehen, wenn sie nicht blutigen Aufruhr riskieren wollten.

Nun, Gandhi ließ sich in das Hauptquartier der Kolonialmacht einladen, nahm an der wichtigen Zeremonie des gemeinsamen Teetrinkens im königlichen Palast teil, brüskierte aber listig die Party. Plötzlich offerierte er dem britischen Gegenspieler ein Tütchen unversteuertes Salz, das er in seinem Umhang versteckt hatte. Eine Geste der Auflehnung gegen die Steuer, eine symbolische Wiederholung des großen Salzmarsches und eine letzte Warnung an die britische Macht, zur Vernunft zurückzukehren.

Herrschaftskritik, verschmitzt vorgebracht, Spott als Zeichen der Zärtlichkeit auch zu den anderen, das legt tiefe Gemeinsamkeiten frei zwischen Konfliktpartnern. Das läßt Grenzen für einen Moment verschwinden, spielerisch, in der Maske des Clowns, des Sanften, der der Gewalt widersteht, schlau und ohne Gewalt.

Gandhi an der Tafel der Machthaber, nicht militant revolutionär, nicht mit Gewalt in den Palast eindringend, sondern symbolisch der Herrschaft die Aura nehmend, den Schein des Rechts, dieser Vorfall erinnerte den jungen Theologie-Studenten King an die Geschichten von Konventionsbruch und Gesetzesübertretung Jesu, wenn es um Menschenleben geht. Provokant bricht Jesus die öffentlichen Bestimmungen des heiligen Sabbats: Er pflückt die Ähren ab, weil die Menschen hungern, die mit ihm sind. Er heilt trotz streng verordneter Arbeitsruhe Kranke am Sabbat, um öffentlich zu zeigen, welchen Sinn die Heiligung des Sonntags menschlich hat, daß eben »der Sabbat für den Menschen da ist und nicht der Mensch für den Sabbat« (Markus 2,27). Auch Jesus bedient sich des Mittels der Provokation, verletzt spielerisch Regeln, um auf Unrecht aufmerksam zu machen, das durch solche öffentlichen Regeln gedeckt wird.

Um die Gewalt gewisser Zustände sichtbar zu machen, wird auch King in den folgenden Jahren Regeln mit Absicht verletzen. Aber immer hält er fest an Gandhis Entschlossenheit, die Mächtigen zu überlisten, ohne sie zu verletzten. Das Heitere als das Gewaltfreie – das ist ein Zusammenhang, der King aufhorchen läßt. Vielleicht, weil er das Gegenteil ist zum Humorlosen, zum stumpfsinnig Aggressiven, was sonst Streitende kennzeichnet.

Den Andern fertigmachen, wie das läuft, hatte der Farbige Martin Luther King oft am eigenen Körper erlebt. Den Gegner demütigen, ihm wehtun, ja ... Das Überlisten des Gegners, wie Mahatma Gandhi es vorexerzierte – das war etwas total anderes und ein Novum. Nicht die schwachen Seiten ihrer Gegner wollten die Inder treffen, sondern deren Fähigkeit, menschlich zu reagieren, großzügig und nicht stur reflexhaft wie bloße Befehlsempfänger.

King wird durch diese Art des Umgangs klar: Druck, Protest gegen ein Unrecht darf den Anderen persönlich nie verletzen, auch wenn ich im Recht bin. Beschwörend betont er später: »Der Zweck unserer Handlungen ist die Aussöhnung mit unserem Gegner, nicht seine Besiegung.« Das wird eine weitere Maxime, die Martin Luther King übernimmt. Dem Gegner darf persönlich keine Demütigung oder gar Vernichtung angedroht werden.

Durch Gandhi wird King schließlich darauf aufmerksam gemacht, daß nach dem Neuen Testament Jesus von Nazareth alles andere war als ein leidenssüchtiger, Konflikte vermeidender, ohnmächtiger Gottesknecht, die andere Backe auch noch hinhaltend, wie das kenntnislose Vorurteil meint. Ein Hindu mußte kommen, um das Handeln des Nazareners als zivilen Ungehorsam und als eine politische Befreiungs-Aktivität zu erkennen. Gandhi überrascht King auch mit der Entdeckung: »Europa hat den weisen, kühnen und tapferen Widerstand Jesu von Nazareth mißdeutet, wie wenn es sich um die Tat eines Schwächlings handelte. Als ich das Neue Testament zum ersten Mal las, fand ich nichts von Passivität oder Schwäche an Jesus in den Schilderungen, die die vier Evangelien von ihm geben.« (Mahatma Gandhi: Harija, 7.12.1947. In: Mario Otto [Hg.]: Mahatma Gandhi – Worte des Friedens. Freiburg 1984, S. 39)

King liest das Neue Testament in der Folge mit neuer Erwartung. Die Propheten, Jesus, die frühen christlichen Gemeinden – das alles scheinen ihm Teile einer großen Bewegung zu sein, die sich für ein angstfreies Zusammenleben einsetzt. Bei Jesus vor allem entdeckt er die starke Intention, das soziale und das private Leiden zu »heilen«.

Zu dieser Sicht verhilft ihm Walter Rauschenbuschs Untersuchung »Christentum und soziale Krise« von 1907. Rauschenbusch hatte um die Jahrhundertwende die Lage der arbeitenden Klasse in den New Yorker Hafen-Quartieren mit Entsetzen erlebt, war ein erster Vertreter des »Religiösen Sozialismus« in Amerika geworden. »Seit ich Rauschenbusch gelesen habe«, faßt King zusammen, »bin ich überzeugt, daß jede Religion, die angeblich um die Seelen der Menschen besorgt ist, sich aber nicht um die sozialen und ökonomischen Verhältnisse kümmert, geistlich gesehen schon vom Tod gezeichnet ist und nur auf den Weg des Begräbnisses wartet. Man hat mit Recht gesagt: ›Eine Religion, die beim Individuum endet, ist am Ende.‹«

## Die schwarze Haut – wie ein Gefängnis

Im Crozer-Seminar verliebt sich der Einundzwanzigjährige in ein weißes Mädchen. Sie gehen ungeniert zusammen aus – in die Tanz-Schuppen der Stadt, in die Buchhandlungen, in die Coffee-Shops. Anfang der Fünfziger erregt ein weiß-schwarzes Liebespaar noch Aufsehen. Der Seminar-Direktor zitiert die beiden zu sich, rät ihnen dringend, voneinander zu lassen. Heiraten? In 30 der 48 Staaten Amerikas sind »Misch-Ehen« noch gesetzlich untersagt. Das Paar beugt sich dem öffentlichen Druck. Das Mädchen zieht in eine andere Stadt. King ist tief getroffen. Er hat Rassendiskriminierung nicht zum ersten Mal persönlich erlebt. Ein weißer Busfahrer nennt Martin – er ist gerade vierzehn – im Schulbus »schwarzer Hurensohn« und zwingt ihn, im überfüllten hinteren Teil des Busses für Schwarze mehrere Stunden zu stehen, obwohl die Sitze im vorderen Wagenbereich, die für Weiße reserviert sind, nicht besetzt sind.

Der junge Mann ist und bleibt bei seinen eigenen Leuten

äußerst beliebt, fühlt sich aber öffentlich diskriminiert. Auch er hat das Zerrbild der Weißen über die Schwarzamerikaner tief internalisiert. Schließlich darf auch er nicht die Kinos, die Schulen, die Krankenhäuser und die Schwimmbäder und Freizeit-Anlagen der Weißen betreten. Kein Wunder, daß er als junger Mann schon elegante Anzüge und gewienerte Schuhe trägt, sich einen schmalen Clark-Gable-Bart zulegt. Er will partout dem Vorurteil des stets grinsenden, schmutzigen, unzuverlässigen »Niggers« das Gegenbild eines korrekten, äußerst gepflegten Bürgers Amerikas entgegensetzen. Ich habe ihn 1966 als betont selbstbewußte, ja, gelegentlich geradezu arrogant auftretende Autorität erlebt. Umso befreiender für ihn, daß er in der schwarzen Musikstudentin Coretta Scott seine große Liebe findet.

## Coretta

Im Februar 1952 begegnet Martin der dunkelhäutigen Coretta Scott. Sie studiert am Antioch College Musik, will Konzertsängerin werden. Er ist hingerissen von ihrer Intelligenz, ihrer ungewöhnlichen Schönheit. Schon bei ihrer ersten Begegnung spricht er vom Heiraten. »Ganz offensichtlich suchte er in Boston eine Frau ... Er gab unmißverständlich zu verstehen«, erinnert sich Coretta, »daß seine Wahl auf mich gefallen sei, obgleich ihn meine Einstellung zu meinem zukünftigen Beruf beunruhigte.« (Coretta Scott King: Mein Leben mit Martin Luther King. Gütersloh 1979, S. 53 ff.)

Martin läßt sich nicht irritieren, eröffnet der Musikstudentin aus Alabama aber sofort: »Sie besitzen alles, was ich mir seit jeher von der Frau meiner Wahl erwarte. Es sind nur vier Dinge, und Sie besitzen sie alle ... Die vier Eigenschaften, die ich bei einer Frau suche, sind Charakter, Intelligenz, Persönlichkeit und Schönheit.«

Coretta zögert. Einen Theologen will sie nicht heiraten. Nach langen Monaten entschließt sie sich doch, den jungen Pfarrer aus dem rassistischen Süden zu heiraten. Am 18. Juni 1953 findet die Hochzeit statt. Die beiden gelten als Traumpaar in der studentischen Szene an der Ostküste. Vier Kinder werden sie haben. Und sie bleiben zusammen, auch in den kritischen späteren Jahren. Im Juni 1969 schreibt sie: »Die erstaunlichen, wundervollen und schrecklichen Ereignisse unseres Lebens trennten uns nie. Ich hatte beschlossen, die Frau von Martin Luther King jr. zu sein, obwohl ich nicht die Zukunft vorhersehen konnte – seine Führerrolle in der Bürgerrechtsbewegung, die Arbeit und die Belastung, die Gefahren, den Ruhm und die Tragödie –, blieben wir in jedem Augenblick in treuer Liebe vereint, und ich wollte nie etwas anderes sein, als die Frau Martin Luther Kings.« (S. 62)

## »Ich kehre zum Süden zurück« Verzicht auf Karriere

1954 wird King zum Pastor an die Dexter Avenue Baptist Church von Montgomery, Alabama, berufen. In eine Provinzstadt, mit 120000 Einwohnern, darunter gut 40 Prozent Schwarzen. King hätte an der Ostküste bleiben können, in Harvard, wo eine glänzende akademische Laufbahn gewunken hätte. Aber er geht nach Alabama. Dort, im schwärzesten Bundesstaat der USA, wird schon bald ein Kapitel Befreiungsgeschichte geschrieben.

Schwarze Bürger dürfen nur im hinteren Teil der öffentlichen Busse Platz nehmen. Die größte Demütigung besteht darin, daß sie ihre Plätze sofort räumen müssen, wenn die Sitze für Weiße nicht ausreichen. Sie müssen beim Fahrer ihren Fahrschein lösen, dann wieder aussteigen, um durch die Hintertür in den Bus zu kommen. Der weiße Fahrer macht sich einen Spaß daraus, in diesem Moment Gas zu geben. Bezahlt und trotzdem nicht mitgenommen – eine typische Situation für die Schwarzamerikaner.

Aber am 1. Dezember 1955 wagt es Rosa Parks, eine zweiundzwanzigjährige schwarze Näherin, ihren Busplatz einem Weißen zu verweigern. Man zerrt sie aus dem Bus, ins städtische Gefängnis. Sämtliche Organisationen der Schwarzen beschließen darauf einen Busboykott. Pastor King ruft von der Kanzel zu dieser ersten gewaltfreien Protestaktion auf.

Erregung in Montgomery. Machtprobe. Würden die Schwarzen ihre alte Leidensbereitschaft, ihre Opferrolle jetzt aufgeben? Den aktiven Widerstand wagen? Für gewöhnlich benutzen täglich fast

*Die Familie – ein Rückhalt. Martin Luther King unter einem Porträt Mahatma Ghandis*

20000 Schwarzamerikaner die Busse. Am 5. Dezember kommen die Schwarzen auf dem Fahrrad, zu Fuß, per Anhalter, ja mit Eseln zur Schule, zur Arbeit, in die City. Es ist ein kalter Wintermorgen. Die Leute aber machen ein swinging event aus ihrer Demonstration. Zur allgemeinen Überraschung befolgen fast alle schwarzen Bürger der Stadt den Großboykott. Begeistert wählt man den jungen Martin Luther King zum Präsidenten der städtischen Protestbewegung, der »Montgomery Improvement Association«, abgekürzt MIA.

## Die Welt stand auf, als Rosa Parks sitzen blieb
## Montgomery: Der große Busstreik 1956

»Die Welt stand auf, als Rosa Parks sitzen blieb«, singen die Schwarzen. Aber werden sie durchhalten? King kommt an diesem ersten Boykottag um 18 Uhr nach Hause. Es bleibt ihm nur eine Stunde Zeit, um sich für seine Rede vorzubereiten, die er um 20 Uhr in der großen Holt Street Baptist Church halten soll. Vor wenigen Stunden ist er erst zum Vorsitzenden der MIA gewählt worden.

King ist ein Neuling in Montgomery. Die Erwartungen der Bürger sind groß. Als er in die Kirche an der Holt Street kommt, wird er von mehr als 5000 Menschen emphatisch begrüßt. Viele Journalisten aus allen Staaten der USA sind in der Stadt aufgetaucht. Und was sie erleben, übersteigt alle ihre Erwartungen. King hatte sich nur Stichworte notieren können. Als er spricht, wird er immer wieder vom Beifall unterbrochen. Die Menschen, die in den Gängen stehen, dicht gedrängt in den Kirchenbänken sitzen, hören begeistert zu, als der junge Pfarrer anhebt:

»Ihr wißt, meine Freunde, es kommt eine Zeit, in der Menschen es leid sind, aus dem glänzenden Sonnenlicht im Juli des Lebens gestoßen zu werden, um stehengelassen zu werden in der schneidenden Kälte des November im Gebirge. Laßt uns betonen, daß wir nicht hier sind, um der Gewalt das Wort zu reden. Das haben wir überwunden. Wir glauben an die Lehren Jesu. Die einzige Waffe, die wir heute abend in unseren Händen halten, ist die Waffe des Protests. Und nicht zuletzt ist dies das Ruhmesblatt Amerikas, ungeachtet all seiner Mängel. Dies ist das Ruhmesblatt unserer Demokratie.

Laßt niemanden uns das Gefühl vermitteln, daß wir unsere Aktionen mit denen des Ku-Klux-Klan oder des ›Weißen Bürgerrates‹ verglichen haben wollen. Es werden keine Kreuze an irgendwelchen Bushaltestellen in Montgomery brennen. Es werden keine Weißen aus ihren Häusern gezerrt, an eine abgelegene Straße gebracht und ermordet werden. Es wird niemanden unter uns geben, der sich erheben und sich der Verfassung unserer Nation widersetzen wird. Wir sind nicht im Unrecht. Wir sind nicht im Unrecht bei dem, was wir tun. Sollten wir im Unrecht sein, dann ist auch der Oberste Gerichtshof dieser Nation im Unrecht. Sind wir im Unrecht, ist auch Gott der Allmächtige im Unrecht. Sind wir im Unrecht, war Jesus von Nazareth nur ein utopischer Träumer und ist nie zur Erde gekommen. Sind wir im Unrecht, ist Gerechtigkeit eine Farce. Wir haben keine Furcht bei dem, was wir tun, weil wir es im Rahmen des Gesetzes tun. Als die Arbeiter überall in diesem Land erkannten, daß sie von kapitalistischer Macht niedergetrampelt wurden, war nichts daran verkehrt, daß sie sich zusammentaten und organisierten und für ihre Rechte protestierten. Wir, die Enterbten dieses Landes, wir, die so lange unterdrückt worden sind, sind es leid, durch die lange Nacht der Gefangenschaft zu gehen. Und nun strecken wir die Arme aus nach der Morgendämmerung der Freiheit, Gerechtigkeit und Gleichheit«. (Der ganze Text in: Martin Luther King: Ich habe einen Traum. Hrsg. von Hans-Eckehard Bahr und Heinrich Grosse, Düsseldorf 2003, S. 26ff.)

Der Busboykott geht weiter, ein ganzes Jahr lang, genauer, 386 Tage lang. King wird in dieser Zeit zum nationalen Symbol aller Afroamerikaner. Am 13. November 1956 kommt die Nachricht, das Oberste Gericht des Staates Alabama habe die Rassentrennung in den Bussen aufgehoben, die Segregation für verfassungswidrig erklärt. Die Farbigen in Montgomery sind außer sich vor Freude. Es sollte indes noch Jahre dauern, bis endlich, 1964, die Bürgerrechtsgesetze für alle Staaten der USA verabschiedet werden. Dann erst sind Schwarze und Weiße nicht mehr gezwungen, Schulen, Schwimmbäder, Kinos, Cafés und Krankenhäuser getrennt zu besuchen. Jubel erfüllt auch die liberalen Bürger

*Busboykott: Martin Luther King in der Holt St. Baptist Church in Montgomery, Alabama (22. März 1956)*

Amerikas. In New York geben Duke Ellington und Harry Belafonte ein großes Konzert am 5. Dezember, dem Jahrestag des Streikbeginns. In der Presse wird King euphorisch als der »neue Gandhi« gefeiert, als »schwarzer Moses« und als »heiliger Martin«. Die Freiheitsbewegung also eine steile Erfolgsgeschichte? Durch Nacht nun zum Licht?

Wo das Rettende ist, wächst auch die Gefahr. Der gewaltfrei Auftretende erzeugt keineswegs Sanftmut auf seiten seiner Konfliktgegner. Im Gegenteil, nun bricht geradezu Haß gegen den tolerant Auftretenden hervor.

Nach dem Montgomery-Sieg kommen Tag und Nacht anonyme Anrufe bei den Kings an. Beschimpfungen und Todesdrohungen häufen sich. King und seine Familie sollen zermürbt werden. King erinnert sich: »Eines Abends Ende Januar 1956 – zwei Monate nach Beginn des Busboykotts in Montgomery – ging ich nach einem anstrengenden Tag erst spät zu Bett. Coretta schlief schon. Als ich gerade am Einschlafen war, läutete das Telefon. Eine wütende Stimme rief: ›Höre, Nigger, wir werden uns an dir rächen. Noch in dieser Woche wirst du es bereuen, daß du nach Montgomery gekommen bist.‹ Ich hängte ab, aber ich konnte nicht schlafen. Es war mir, als bräche alle Angst der letzten Wochen auf einmal über mich herein. Ich war am Ende meiner Kraft. Ich stand wieder auf und lief im Korridor auf und ab. Schließlich ging ich in die Küche und machte mir eine Tasse Kaffee. Ich wollte den Kampf aufgeben. Ohne den Kaffee anzurühren, saß ich am Küchentisch und grübelte darüber nach, wie ich von der Bildfläche verschwinden könnte, ohne als Feigling zu erscheinen. In diesem Zustand äußerster Erschöpfung und völliger Mutlosigkeit betete ich laut. Die Worte in dieser mitternächtlichen Stunde sind mir noch in lebendiger Erinnerung: Herr, ich glaube, daß ich für eine gerechte Sache kämpfe. Aber jetzt habe ich Angst. Die Leute sehen auf mich als ihren Führer, und wenn ich so ohne Kraft und Mut vor ihnen stehe, werden sie auch wankend werden. Ich kann nicht mehr weiter. Ich habe den Punkt erreicht, wo ich es allein nicht mehr schaffe.

In diesem Augenblick erlebte ich die Gegenwart Gottes wie nie zuvor. Mir war, als hörte ich eine innere Stimme, die mir Mut zusprach: ›Stehe auf für die Gerechtigkeit! Stehe auf für die Wahrheit! Und Gott wird immer an deiner Seite sein!‹

Fast augenblicklich waren meine Ängste dahin. Meine Unsicherheit verschwand. Ich war bereit, allem ins Auge zu sehen.«

(Dieser und der folgende Text in: Martin Luther King: Ich habe einen Traum, S. 123 ff.)

Jahre später äußert sich King noch einmal in großer Offenheit und, wie es seine Art ist, in ungekünstelten Worten zu seinen tiefsten Überzeugungen: »Viele Leute sind überrascht, wenn sie erfahren, daß ich ein Optimist bin. Sie wissen, wie oft ich ins Gefängnis geworfen wurde, wie oft meine Tage und Nächte mit Enttäuschung und Sorge angefüllt waren, wie verbissen und gefährlich meine Feinde sind. Sie erwarten, daß diese Erfahrungen mich zu einem grimmigen und verzweifelten Menschen machen. Sie begreifen nicht das Gefühl der Bestärkung, das erzeugt wird durch die Herausforderung, den Kampf aufzunehmen und die Hindernisse zu überwinden. Sie haben kein Verständnis für die Stärke, die aus dem Glauben an Gott und den Menschen kommt. Ich mag straucheln, aber ich bin völlig sicher in dem Wissen, daß Gott uns liebt. Er hat unser Scheitern nicht geplant. Der Mensch hat die Fähigkeit, sowohl richtig als auch falsch zu handeln, und seine Geschichte ist ein Weg nach oben, nicht nach unten. Die Vergangenheit ist übersät mit den Ruinen der Tyrannenreiche, und jedes dieser Reiche dokumentiert nicht nur die Fehler des Menschen, sondern auch seine Fähigkeit, sie zu überwinden.«

Wegen solcher Sätze tun seine Gegner King als heroisch ab. Aber der »schwarze Gandhi« ist nicht naiv gewesen. Er hat gewußt, daß der Haß der weißen Rassisten sich nach dem Erfolg von Montgomery um so wütender entladen wird.

## Bomben auf Kings Haus<br>Zerreißprobe für die Gewaltfreiheit

Es ist Montag, der 30. Januar 1956 in Montgomery. »Gegen halb zehn abends hatte ich einen Morgenrock angezogen«, weiß Coretta noch exakt. (Coretta Scott King, Mein Leben mit Martin Luther King, S. 105 ff.). »Da hörte ich einen schweren Aufprall draußen auf der Betonveranda. Wir eilten nach hinten ins Gastzimmer. Als wir bis zur Zimmermitte gekommen waren, erschütterte eine Detonation das Haus. Dann Rauch und das Geräusch von splitterndem Glas. ... Die Veranda war aufgerissen. Alle Lichter in den vorderen Zimmern waren erloschen.«

King beendet um diese Zeit gerade seine Abendansprache in der First Baptist Church. Man sagt ihm, daß seine Frau und die kleine Tochter Yoki am Leben sind. In seinen Erinnerungen an diesen ersten Anschlag auf seine Familie hält King fest: »Seltsamerweise blieb ich bei der Nachricht ganz ruhig. Mein religiöses Erlebnis einige Nächte zuvor hatte mir die Kraft dazu gegeben.«

Als King vor seinem Haus eintrifft, umringt ihn eine aufgebrachte Menschenmenge. Viele Nachbarn haben sich bewaffnet. Selbst kleine Jungen erscheinen mit zerbrochenen Flaschen, schreien die weißen Polizisten an. »Du hast deine 38er, und ich habe meine«, hört man. »Nun kann's losgehen.«

Die Menge ist so aufgebracht, daß sich die weißen Reporter nicht aus dem Haus trauen. In diesem Moment tritt King auf die Veranda hinaus. Noch nie war er so massiv konfrontiert worden mit dem Terror weißer Rassisten. Noch nie war sein Beharren auf gewaltfreier Lösung von Konflikten so direkt auf die Probe gestellt worden.

King wirkt ernst und gefaßt, als er die Hand hebt und die Menge augenblicklich zur Ruhe bringt. Er sieht in die Gesichter seiner empörten Landsleute. Er weiß, daß sie jeden Moment auf die weißen Polizisten und auf den weißen Bürgermeister Gayle losschlagen können. »Bitte geht nach Hause«, hebt King an, mit vollkommen ruhiger Stimme. »Legt eure Waffen weg. Wir können das Problem nicht durch Vergeltung lösen. Wir müssen der Gewalt mit Gewaltlosigkeit begegnen. Denkt an die Worte Jesu: Wer das Schwert nimmt, wird durch das Schwert umkommen. Wir müssen unsere weißen Brüder lieben, gleichgültig, was sie uns antun. Wir müssen ihnen zeigen, daß wir sie lieben. Jesus ruft uns auch heute über die Jahrhunderte hinweg zu: ›Liebet eure Feinde‹. Dies müssen wir leben. Wir müssen Haß mit Liebe vergelten.«

»Viele weinten«, erinnert sich Coretta, »Ich konnte im Licht der Schweinwerfer die Tränen auf den Gesichtern glänzen sehen. Sie waren bewegt wie durch eine heilige Verzückung. Sie riefen ›Amen‹ und ›Gott segne dich. Wir halten zu dir, Reverend.‹«

*Die Familie des Friedensnobelpreisträgers*

Danach zerstreut sich die Menge. Man hört die Stimme eines weißen Polizisten: »Ohne den Nigger-Prediger wären wir jetzt alle tot.«

## Der Sieg über die Angst
## Ein positiver Umgang mit Gewalt

Kings souveräne Reaktion auf das Attentat macht ihn über Nacht im ganzen Land bekannt. Genau so wird er auch in den kommenden Jahren reagieren. Ich habe mich damals gefragt: Woher nimmt dieser Mann die Kraft und den Mut? Er ist nicht von Anfang an frei von Angst. Seine Stärke scheint von innen zu kommen, denn die schwarzen Bürger besaßen zu diesem Zeitpunkt keine politische Macht. Als er in Chicago vom scharfkantigen Stein eines jungen Weißen getroffen wird, ist er im ersten Moment aufgebracht. Spontaner Rache-Affekt auch bei ihm. Aber dann hat er sofort den Wunsch, mit dem anderen, dem Fremden, zu sprechen, mit dem Gewalttäter in Kontakt zu kommen.

King erläutert uns, seinen Mitarbeitern: Die Gewalt eines Konfliktpartners, die ich als stärker erlebe, läßt sich überhaupt nur durchstehen, wenn ich – in einer Kooperation in der Konfrontation – mit ihm wieder in Kontakt komme.

Entscheidend für Kings Wahl, den Konflikt in dieser Form zu lösen, ist offenbar seine Entschlossenheit, erstens die Niederlage des Konfliktpartners, seine Kränkung in jedem Fall zu vermeiden. Und zweitens, dem Ohnmächtigen, dem Entrechteten, dem schwächeren Partner ein neues Gefühl der eigenen Würde zu geben. Nur so gibt es, drittens, die Aussicht, daß der Gewalttäter umgestimmt wird.

Wie gelingt es, daß der schwächere Partner in einem Konflikt Selbstvertrauen bekommt, frage ich mich in jenem hitzigen Chicago-Sommer. Wie kann er seine eigene Furcht überwinden? Kings Antwort: Indem er die anfängliche Wut, die unmittelbare, blinde Empörung – die »natürliche«, erste Reaktion – schließlich, in einer zweiten Phase, bewußt überwindet, Rachegefühle entschieden hinter sich läßt. Es handelt sich also in einer ersten, entscheidenden Phase um ein souverän werdendes Durchleiden der Gewalt, die der andere mir zufügt.

Bewußtes Ich-starkes Erleiden dieser Art ist eine Art pädagogisches Mittel, um den anderen zu der ihm innewohnenden Menschlichkeit zu befreien. Aber das ist nur mit einem starken Glauben möglich, der weiß, daß in allen Menschen eine Wahrheit ist, die auf diese Weise befreit werden kann.

## Das starke Leiden
## Die Passion Jesu von King her anders gesehen

Aus Deutschland kommend, mitten aus dem Freund-Feind-Denken des Kalten Krieges, dachte ich damals, pazifistisches Verhalten sei letztlich doch ein Zurückweichen vor der Gewalt, ein passives Vermeidungsverhalten. Lieber rot als tot, hieß die Parole vieler Pazifisten seinerzeit. Ich hatte immer gelernt, auch das Leiden des Jesus von Nazareth, seine Passion wäre eine Art Stillhalten, leidensstark, masochistisch. Er müsse das passiv tun.

Bei King aber sehe ich, daß es in der Passion eben auch um ein gewaltfreies Handeln geht. In Montgomery auf der Veranda erinnert King die vergeltungsbereiten Afroamerikaner an Gethsemane: »Alle die zum Schwert greifen, werden durch das Schwert umkommen«, sagt der junge Mann Jesus zu Petrus im Garten, als dieser sein Schwert zieht (Matthäus 26,52). Eine Aufforderung zum schlichten Gewaltverzicht laut King. Ich begreife: Jesus war damals selber in der Situation eines Schwarzen aus Chicago. Er war entrechtet; er hatte Todesangst. Also Selbstverteidigung? Dann wäre sein eigenes Leben womöglich gerettet, aber das des Gegners eben angetastet.

Jesus spricht hier gegenüber Petrus eine empirische Einsicht aus, keine Forderung der Gesinnungsethik, keine idealistische Moral: Wer einem anderen Gewalt antut, und sei es als ultima ratio, Selbstverteidigung genannt, der wird nur neue Gewalt auslösen, aber keine Versöhnung. Es kommt ja aber darauf an, daß die Lernfähigkeit der beiden Konfliktgegner in Anspruch genommen wird. Das kann nur geschehen, wenn man ohne zurückschlagende Gewalt vorgeht.

Im theologischen Seminar in Chicago lesen wir den alten Text der Passionsgeschichte neu. Jesse Jackson, einer der Studenten, couragiertester Helfer Kings in der Stadt, eröffnet uns eine neue Sicht.

Jesus im Garten von Gethsemane. Sie kommen mit Schwertern und Stangen, eine Nacht-und-Nebel-Aktion. Er ist nicht allein. Er könnte sich wehren, zurückschlagen, könnte »mehr als zehntausend Engel (12 Legionen)« rufen, um die Gegner zurückzuweisen. Er aber hält freiwillig den Druck der anderen Seite aus. Er schlägt nicht zurück – damit verblüfft er die anderen.

Und das zweite Überraschende an dieser Reaktion Jesu? Sie bringt ihm, dem Ohnmächtigen, ein neues Gefühl der Würde, der Selbstachtung. Freiwillig hält er den Druck der Anderen aus, und genau dadurch verwandelt sich sein angstvoll-passives Erleiden fremder Gewalt in ein starkes, aktives Leiden um der gerechten Sache willen.

Die Studenten spüren, daß Jesse Jackson den Text im Geiste Kings interpretiert. Sie ahnen, daß die Ungleichheit zwischen Weißen und Afroamerikanern in Amerika nicht mit militanter Gegengewalt gekontert werden kann, wie die Black-Power-Vertreter fordern.

In vielen Kirchengemeinden Chicagos aber hören die Studenten noch immer: Jesus nachfolgen, das bedeute nicht Zivilcourage à la Martin Luther King, sondern eben Leiden. Jetzt begreifen sie. Dieser Gegensatz ist falsch. Denn Leiden war nicht das Programm Jesu, sondern die Folge des Weges, den er gegangen ist. Seine Leidensgeschichte war auch eine politische Geschichte, war das Resultat der Konfrontation mit der politischen und religiösen Gewalt im Lande, die er auf seine Weise in Frage stellte. Bereitschaft zum Leiden ist hier nicht Bereitschaft, sich dem Unrecht zu beugen, sondern die Bereitschaft, die Folgen des Widerstands dagegen zu tragen. Es ist ein Leiden um der Gerechtigkeit willen, ein stilles Erleiden, ein Ausdruck starker Liebe, nicht der Schwäche.

An Martin Luther Kings Auftreten im Amerika der fünfziger und sechziger Jahre des 20. Jahrhunderts kann man aber auch sehen: Ein Widerstand ohne Gewalt bleibt ein äußerstes Risiko. Es gibt keine Garantie für ein Gelingen. Es kann für den so Vorgehenden katastrophisch enden, von Jesus bis King. Aber wer das Risiko eingeht, riskiert sein eigenes Blut und nicht das eines anderen. Er hält noch im Tode an der eigenen Wahrheit fest.

Viele Bürger begreifen in den Jahren nach dem Busboykott in Montgomery, welch ungeheure innere Spannung ausgelöst wird, wenn man im Konflikt mit dem anderen nicht mit gleich großer Gewalt antwortet. Die Furcht, in Leiden zu geraten, führt dann entweder dazu, daß ich mich mit »Sicherheit« abschirme, politisch und privat, hochbewaffnet, notfalls auch mit zuschlagender Gewalt (Präventivschlag). Oder ich werde meine Angst, verletzt, entblößt zu werden, meine Sterbensangst, auf eine umgekehrte Weise los. Eben dadurch, daß ich sie annehme, daß ich sie bejahe, mich einlasse auf sie und mich dann in der Folge nicht mehr auf eine äußere Bewaffnung verlasse, sondern, daß ich die offene Kooperation in der Konfrontation mit meinem Konfliktpartner versuche.

## Todesbewußt, daher lebensvoll

»Ich weiß aus eigener Erfahrung, daß ich in Montgomery ängstlicher war, als ich ein Gewehr im Hause hatte«, erläutert King 1968 diesen Zusammenhang von Todesfurcht und Gewaltneigung. »Als ich zu der Ansicht kam, als Vertreter eines gewaltfreien Umgangs mit Menschen könnte ich keine Bewaffnung, kein Gewehr mehr besitzen, mußte ich mich direkt mit dem Problem meines Sterbens auseinandersetzen. Ich tat es, und von da an brauchte ich kein Gewehr mehr, ich hatte auch nur noch selten Angst. Letztlich«, so King, »muß das Gefühl der eigenen Stärke (Power) von innen kommen.« (Martin Luther King: Testament der Hoffnung. Letzte Reden, Aufsätze und Predigten. Eingeleitet und übersetzt von Heinrich W. Grosse, Gütersloh 1974, S. 32f.)

Eine heroische Haltung, wie sie nur Asketen einnehmen, wir anderen aber nicht? Ich denke heute an den Vorgang der Selbstentblößung, wie die großen Mystiker ihn beschrieben haben. Sich freimachen von allen Sicherheit versprechenden Drohinstrumenten. Loskommen vor allem von der Angst, nun als schwach bloßgestellt zu sein und alsbald überholt zu werden.

Es kommt auf das »Tun der Wahrheit« an, hat Gandhi definiert. Das war die Übersetzung des Mahatma für gewaltfreies Tun. Auf das Tun jener Wahrheit, mit der ich mit den anderen in Kontakt komme. Das bedeutet, mich tief einzuwurzeln in diese tiefe

Wahrheit meines Lebens, in meine eigene Würde. Einwurzeln in die tiefsten Hoffnungen, in denen ich das Lebensfeuer merke, aus dem heraus ich auch Widerstand gegen diejenigen aufbringen kann, die mir und anderen das Leben nehmen wollen. Panisch versuche ich für gewöhnlich in dieser Situation, den Gegner zu schwächen, ihn wegzuwünschen, weil ich nicht gelernt habe, meine Angst, verletzt, ersetzt, entwürdigt zu werden, anders zu bearbeiten.

## Blitzimpuls der Rache

Bewußt verletzen, genau wissen, wie man dem Anderen wehtut, ohne Narkose operieren, das ist das gezielt Zerstörerische, das Vernichtende in der Angriffslust, die frei wird in Menschen, die sich verletzt fühlen. Doppelt und dreifach will man es dem anderen heimzahlen. Und welche Energie steckt in dieser Gewalt!

Von dem, der gewaltfrei leben möchte, wird das Unmögliche, das ganze Gegenteil, aber das einzig Humane verlangt, nämlich sich völlig zu exponieren, um dem Anderen, dem Gegenüber den größtmöglichen Spielraum freizugeben, für eine angstfreie, vernünftige Entscheidung seinerseits.

»Was dieses Vorgehen so psychologisch macht«, kommentiert Erik H. Erikson, der Harvard-Nestor der Sozialphilosophie, ist »gerade die Tatsache, daß der Herausforderer bei sich selbst wie beim Gegner die gleichen Ängste unterstellt – die Furcht, durch die Niederlage … die Identität zu verlieren … Vielleicht gelingt es ihm dadurch, seinen Gegner zu ›heilen‹.«

Therapeutisch ist dieses Vorgehen deshalb, weil dem »hippokratischen Prinzip« nahe, »daß man die Wahrheit oder die einer Situation innewohnende Heilkraft nur durch ein Handeln erproben kann, das Schädigung vermeidet«. (Erik H. Erikson: Lebensgeschichte und historischer Augenblick. Frankfurt a.M. 1977, S. 189)

Von den gleichen Ängsten ausgehen? Nicht auch von den gleichen Versöhnungsinteressen? Nicht auch von den großherzigen Fähigkeiten, den nach vorne ziehenden, ins Bessere? King geht mit dieser Option weit über den humanistisch-skeptischen Erikson hinaus. Kooperation in der Konfrontation, das Modell auch der Sicherheitspartnerschaft – bei King sehe ich: it makes all the difference, ob ich skeptisch, kleingläubig nur von den gleichen Ängsten ausgehe, oder ob ich – weit darüber hinausgehend – die schöpferischen, die kommunikativen Möglichkeiten beanspruche, bei mir und dem Anderen. Selbstbewahrung durch Feindesvertrauen, das wäre sein Programm. Und umgekehrt. Wir bringen doch nur dann eine Versöhnung zustande, wenn uns der andere so »träumt«, wie wir noch nicht sind.

Die großen Märsche, Reden, die Verhandlungen 1966 in Chicago – sind dies nicht alles Versuche intensiver Kontaktaufnahme mit dem Opponenten, das geduldige Experiment, ihn zu gewinnen, statt ihn zu beseitigen? Ein werbender, aus sich herausgehender, intelligenter Pazifismus begegnet mir da, das Gegenteil des ängstlich stillhaltenden bürgerlichen Pazifismus. Widerstand ohne Gewalt heißt Kings Devise, nicht Vermeidungsstrategie. Letztlich ein Plädoyer für die entschiedene Rückkehr zu politischem statt militärischem Handeln.

## Birmingham 1963: Der »Kinderkreuzzug«

Wie ließ sich die einzigartige Montgomery-Bewegung überregional fortsetzen? Um die überall in den Südstaaten entstehenden lokalen Protestorganisationen zusammenzuhalten, gründet King Anfang Januar 1957 die bedeutsame »Southern Christian Leadership Conference« (SCLC). Dieses Komitee bündelt in den folgenden Jahren die kleinen und großen, spektakulären Demonstrationen der Bürgerrechtsbewegung. Von siegreichen Fortentwicklungen der schwarzen Emanzipation kann in diesen Jahren allerdings nicht die Rede sein. Der Widerstand der alteingesessenen, mittelständischen weißen Mehrheiten wird desto zäher, je entschlossener die Afroamerikaner ihre Rechte einfordern. Wie dramatisch das öffentliche Klima in diesen Jahren sich aufheizt, schildert die schwarze Studentin Anne Moody:

»Ein paar Sekunden vor 11.15 Uhr saßen wir an der Imbißtheke von Woolworth, die getrennte Abteilungen für Weiße und Neger hatte. Zuerst nahmen die Serviererinnen keine Notiz von uns, als wüßten sie wirklich nicht, was hier vorging. Unsere Kellnerin ging ein paar Mal an uns vorbei, ehe sie bemerkte, daß wir unsere Bestellung auf den Block aufgeschrieben hatten und daß wir Bedienung wünschten. Sie fragte uns, was wir wollten. Wir fingen an, unsere Wünsche von dem Zettel abzulesen. Sie sagte uns, man würde uns an der hinteren Theke bedienen, die für Neger vorgesehen sei.

›Wir möchten gern hier bedient werden‹, entgegnete ich. Die Serviererin fing an, das, was sie schon einmal gesagt hatte, zu wiederholen, dann verstummte sie mitten im Satz. Sie drehte die Lichter hinter der Theke aus, und sie und die anderen Kellnerinnen verließen fluchtartig die Theke und rannten nach hinten.

Sie ließen ihre weißen Gäste im Stich. Wahrscheinlich dachten sie, es werde gleich zu Tätlichkeiten kommen, wenn die Weißen an der Theke erst gemerkt hätten, was vorging. An der Theke saßen noch fünf oder sechs andere Leute. Ein paar standen einfach auf und gingen. Das Mädchen neben mir trank erst seinen Banana-Split aus. Eine weiße Frau in mittleren Jahren, die noch nicht bedient worden war, kam zu uns und sagte: ›Ich würde gern hier bei Ihnen sitzen bleiben, aber mein Mann wartet auf mich.‹

Ich berichtete ihnen, daß wir alle Studenten vom Tougaloo College seien, daß wir keine besondere Organisation verträten und daß wir sitzen bleiben wollten, bis der Laden schließen werde. ›Wir wollen nur Bedienung‹, sagte ich zu einem von ihnen. Nachdem sie uns etwa 20 Minuten lang befragt hatten, wollten sie gehen. Um zwölf kamen Schüler von einer nahegelegenen Oberschule für Weiße hereingeströmt. Als sie uns entdeckten, waren sie zunächst nur überrascht. Sie wußten nicht, wie sie sich verhalten sollten. Dann fingen ein paar an zu sticheln. Nun begannen die weißen Schüler, alle möglichen negerfeindlichen Slogans zu rufen. Man gab uns allerhand hübsche Namen. Die anderen Sitze außer den dreien, auf denen wir saßen, waren durch ein Seil abgesperrt worden, damit sich niemand mehr daraufsetzen konnte. Ein paar Jungen nahmen das Ende des Seils auf und bildeten daraus eine Galgenschlinge. Man versuchte, sie uns um den Hals zu werfen. Die Menge wurde immer dichter, denn immer mehr Schüler und Erwachsene kamen herein, um Mittag zu essen.

Wir blickten gerade vor uns hin und vermieden es, in die Menge zu sehen, nur gelegentlich wagten wir einen verstohlenen Blick, um festzustellen, was vorging. (Plötzlich erkannte ich ein Gesicht – den Betrunkenen aus der Busstation, wo wir das sit-in gemacht hatten. Mein Blick ruhte gerade lang genug auf ihm, daß er mich erkannte. Auch jetzt war er betrunken, deshalb erinnerte er sich wahrscheinlich nicht, wo er mich gesehen hatte. Er zog ein Messer heraus, öffnete es und steckte es wieder in die Tasche, dann begann er, auf und ab zu gehen. Memphis schlug vor, wir sollten beten. Wir senkten die Köpfe, und die Hölle brach los. Ein Mann stürzte vor, stieß Memphis von seinem Schemel und schlug mich ins Gesicht. Ein anderer Mann, der im Laden angestellt war, schubste mich gegen eine Theke. Ich lag auf den Knien am Boden, sah Memphis gleich neben der Imbißtheke liegen. Blut lief ihm aus dem Mundwinkel. Der Mann, der ihn vom Sitz gestoßen hatte, trat ihn wiederholt gegen den Kopf, während Memphis versuchte, sein Gesicht zu schützen. Hätte er statt Turnschuhen festes Schuhwerk getragen, wäre Memphis wahrscheinlich vom ersten Tritt getötet worden. …

Joan Trumpauer gesellte sich zu uns. Jetzt waren wir zu dreien, und eine von uns war eine Weiße. Die Menge begann im Sprechchor zu schreien: ›Kommunisten, Kommunisten!‹ Ein alter Mann aus der Menge forderte die Schüler auf, uns von den Stühlen zu heben.

›Welche soll ich mir zuerst packen?‹ fragte ein dicker, heiserer Junge.

›Die weiße Niggerin‹, sagte der alte Mann. Der Junge nahm Joan um die Mitte, hob sie vom Stuhl und trug sie aus dem Laden. Gleichzeitig wurde ich von zwei Schülern gepackt. Ich wurde bei den Haaren gegriffen und etwa drei Meter auf die Tür zu geschleift, bis jemand die Jungen dazu brachte, mich loszulassen. Während ich mich vom Boden erhob, sah ich, wie Joan wieder in den Laden hereinkam. Wir gingen wieder zu Pearlens, die noch an der Theke saß, zurück. Lois Chaffee, eine weiße Dozentin von Tougaloo, saß jetzt neben ihr. Joan und ich kletterten einfach über das Seil vor dem vorderen Teil der Theke und setzten uns. Wir waren jetzt zu viert, zwei Weiße und zwei Neger, alle Frauen. Der Mob fing an, uns mit Ketchup, Senf, Zucker, Pasteten und allem, was auf der Theke stand, zu beschmieren. John Salter setzte sich jetzt zu uns, aber im Augenblick, wo er auf dem Schemel saß, bekam er einen Schlag gegen den Unterkiefer. Offenbar mit einem Messingschlagring. Blut strömte ihm übers Gesicht, und jemand warf Salz in die offene Wunde. Ed King, der Studentenpfarrer von Tougaloo, eilte ihm zu Hilfe. ...

Nach diesem sit-in mußte ich immer daran denken, wie krank doch die weiße Gesellschaft von Mississippi war. Sie glaubte so fest an die alte Lebensweise des Südens, in der die Rassen getrennt waren, daß sie bereit waren, zu morden, um diese Lebensweise zu erhalten. Ich saß im NAACP-Büro und dachte daran, wie oft sie schon gemordet hatten, wenn diese Lebensweise der Südstaaten bedroht wurde. Ich wußte, daß dies erst der Anfang war. Viele werden noch sterben müssen, bevor es vorbei ist, dachte ich. Vor dem sit-in hatte ich die Weißen in Mississippi gehaßt. Jetzt wußte ich, daß sie krank waren, und Kranke kann man nicht hassen. Die Weißen litten an einer Krankheit, an einer unheilbaren Krankheit in ihrem Endstadium. Wie konnten wir gegen diese Krankheit ankommen? Ich stellte mir die Studenten, die jungen Neger, die gerade angefangen hatten zu protestieren, wie Assistenzärzte vor. Wenn sie älter geworden waren, würden sie die besten Ärzte der Welt für soziale Krankheiten sein.«

King bereitet Anfang 1963 eine große, zentrale Demonstration vor. In Birmingham, der Industrie-Metropole Alabamas, sind fremdenfeindliche Gewalttätigkeiten, wie Anne Moody sie schildert, an der Tagesordnung. In den zurückliegenden sechs Jahren hat die Polizei siebzehn Bombenanschläge auf schwarze Kirchen registriert, ohne einen einzigen Aufklärungserfolg zu melden. Fünfzigmal dringt der Ku-Klux-Klan maschierend in die Wohnviertel der farbigen Bewohner ein. »Im ganzen Land gab es keinen Ort, der mit Birmingham vergleichbar gewesen wäre, begründet King seine Wahl. »So lange sind hier die Menschenrechte mit Füßen getreten worden, daß Angst und Unterdrückung schwelend über der Stadt lagen – wie der giftige Qualm der Fabriken. Finanzielle Interessen waren hier mit einem Machtgefüge verquickt, das sich über den ganzen Süden erstreckte. ... Alle Übel und Ungerechtigkeiten, die Schwarze erleiden können, waren in Birmingham wie in einem Brennglas konzentriert.«

Die Kampagne zur Aufhebung der Rassentrennung beginnt am 3. April 1963. Sie wird sorgfältig vorbereitet, nicht nur die Organisation und taktische Durchführung, sondern vor allem in Hinsicht auf die religiöse Einstellung. Man richtet sich vor allem nach dem Konzept Gandhis. Die Grundgedanken seiner indischen Freiheitsbewegung sind Kings Vorbild, vor allem die persönliche Verpflichtung der Anhänger. Jeder, der freiwillig an der Initiative teilnehmen möchte, unterschreibt die Erklärung:

»Hiermit verpflichte ich mich, mich ... in den Dienst der gewaltlosen Bewegung zu stellen. Deshalb werde ich die folgenden zehn Gebote einhalten:

1. jeden Tag über die Lehren und das Leben Jesu nachzudenken;
2. nie zu vergessen, daß die gewaltlose Kampagne in Birmingham Gerechtigkeit und Versöhnung anstrebt, nicht den Sieg;
3. im Geist der Liebe zu wandeln und zu sprechen, denn Gott ist die Liebe;
4. täglich darum zu beten, daß Gott mich benützen möge, allen Menschen zur Freiheit zu verhelfen;
5. persönliche Wünsche hintanzustellen, um allen Menschen zur Freiheit zu verhelfen;
6. im Umgang mit Freund und Feind die Regeln der Höflichkeit zu beachten;
7. danach zu trachten, stets dem Nächsten und der Welt zu dienen;
8. mich der Gewalttätigkeit der Faust, der Zunge und des Herzens zu enthalten;
9. mich zu bemühen, in guter geistiger und körperlicher Verfassung zu leben;
10. den Anweisungen der Bewegung und des Leiters der Demonstrationen zu folgen.« (Zitiert nach der Biographie von Richard Deats: Martin Luther King. München 2001, S. 78 f.)

James Lawson, Kings Mitarbeiter, hatte in Indien Gandhis Erziehungsprogramm kennengelernt und überträgt das Satyagraha-Konzept auf die amerikanische Szene. Lawson leitet in Birmingham das Training im gewaltfreien Handeln. Man simuliert im Rollenspiel Angriffe von feindseligen Weißen, läßt sich bespucken, beschimpfen und versucht, lächelnd der bedrohlichen Phalanx entgegenzugehen. Man studiert Dokumentarfilme aus Indien, aus Montgomery und über die jüngsten sit-ins in Nashville, Tennessee.

Abendgottesdienste mit Spirituals, mit Ansprachen und Fürbitten schließen die Demonstrierenden zusammen. Man geht nach vorne, zum Altar, und gibt alle Messer und sonstige Waffen ab und gelobt, einzig der Macht der religiösen Wahrheit zu vertrauen.

Alte Texte erscheinen dabei in einem neuen Licht. Man hört sie als persönlichen Aufruf: »Legt die Rüstung Gottes an«, zitiert der Liturg Paulus in seinem Brief an die Gemeinde in Ephesus. »Damit ihr am Tag des Unheils standhalten, alles vollbringen und den Kampf bestehen könnt. Seid also standhaft: Gürtet euch mit Wahrheit, zieht als Panzer die Gerechtigkeit an und als Schuhe die Bereitschaft, für das Evangelium vom Frieden zu kämpfen. Vor allem greift zum Schild des Glaubens! Mit ihm könnt ihr alle feurigen Geschosse des Bösen auslöschen. Nehmt den Helm des Heils und das Schwert des Geistes, das ist das Wort Gottes. Hört nicht auf, zu beten und zu flehen! Betet jederzeit im Geist; seid wachsam, harrt aus ...« (Eph. 6,13–18)

Mit seinem ausgeprägten Sinn für symbolische Gesten führt King am 12. April, am Karfreitag, einen ersten großen Protestmarsch in das weiße Geschäftsviertel Birminghams an. Ein massives Polizeiaufgebot mit Hunden und Schlagstöcken stoppt die Protestierer. King und Ralph Abernathy, die Anführer, werden sofort verhaftet, in Einzelhaft gehalten, ohne Kontakt mit der Außenwelt, ohne mit ihren Anwälten sprechen zu können.

In diesem Gefängnis schreibt King seinen weltberühmt gewordenen »Birmingham-Letter«. Er schreibt im Stehen, an die Mauer gelehnt, um den winzigen Lichteinfall in seiner Zelle zu nutzen. Und er schreibt auf Zeitungsrändern, auf Toilettenpapier, schmuggelt schließlich seinen Text nach draußen. Als King am 20. April gegen Kaution aus dem Gefängnis entlassen wird, kursieren bereits über eine Million Abschriften seines Briefes in den USA.

Der Birmingham-Brief richtet sich an acht weiße Geistliche der

Stadt – Protestanten, Katholiken, Juden –, die sich als »gemäßigt« ausgegeben und Kings Vorgehen als »unklug« verurteilt hatten. Sie seien dagegen, daß »Extremisten von auswärts den Frieden in der Stadt stören«. King antwortet nicht primär politisch-taktisch, sondern ganz bewußt biblisch, als »Amtsbruder«. Er schreibt: »... Sie haben unsere Tätigkeit in Birmingham als ›extrem‹ bezeichnet. War nicht Jesus ein Extremist der Liebe, als er forderte: ›Liebt eure Feinde, tut Gutes denen, die euch hassen und verfolgen?‹ War Paulus kein Extremist für das Evangelium Christi, als er schrieb: ›Ich trage die Wundmale Christi an meinem Leib‹? War Abraham Lincoln kein Extremist, als er ausrief: ›Dieses Volk kann nicht bestehen bleiben, wenn es zur Hälfte versklavt ist und zur Hälfte frei.‹ Oder Thomas Jefferson: ›Wir haben die Wahrheit offenkundig erkannt, daß alle Menschen gleich sind vom Augenblick ihrer Erschaffung an.‹ Die Frage ist nicht, ob wir Extremisten sein wollen, sondern vielmehr, Extremisten welcher Art. Wollen wir Extremisten des Hasses oder der Liebe sein? Werden wir Extremisten für die Fortdauer der Ungerechtigkeit oder für die Ausbreitung der Gerechtigkeit sein? Vielleicht bin ich zu optimistisch, und vielleicht erwarte ich zu viel. Vermutlich hätte ich mir bewußt werden sollen, daß nur wenige Verständnis aufzubringen vermögen für das Stöhnen und die leidenschaftliche Sehnsucht der unterdrückten Rasse; noch viel kleiner ist die Zahl derer, die klar erkennen, daß die Ungerechtigkeit durch kraftvolles, konsequentes und entschlossenes Handeln ausgerottet werden muß. Aber ich bin dankbar, daß einige unserer weißen Brüder das Wesen dieser gesellschaftlichen Umwälzung erkannt und sich ihr verschrieben haben. Sie schmachteten in verdreckten und von Ungeziefer verseuchten Gefängnissen, wo sie die Schmähungen und Mißhandlungen von Polizisten erdulden mußten, die sie als ›schmutzige Negerfreunde‹ (dirty nigger-lovers) beschimpften. Ganz im Gegensatz zu ihren ›gemäßigten‹ Brüdern und Schwestern haben sie die Dringlichkeit der Stunde erfaßt.

Ich hatte erwartet, daß die weißen Kirchen uns unterstützen würden. Ich glaubte, daß die weißen Pfarrer, Pastoren, Geistlichen und Rabbiner im Süden zu unseren stärksten Bundesgenossen zählen würden. Statt dessen gab es unter ihnen einige, die sich offen gegen uns stellten und es ablehnten, der Freiheitsbewegung

Verständnis entgegenzubringen, ja sogar ihre Anführer verleumdeten. Allzu groß war die Zahl der Geistlichen, die sich mehr in vorsichtigem Schweigen als in mutigen Stellungnahmen gefielen; sie verharrten still und lautlos hinter der sterilen Sicherheit ihrer bunten Kirchenfenster. Ja, in grenzenloser Enttäuschung habe ich über die Unentschlossenheit und Trägheit der Kirche geweint. Ich liebe die Kirche sehr. Wie könnte es auch anders sein? Ich bin einer der wenigen, die Sohn, Enkel und Urenkel von Pfarrern sind. Ja, ich sehe in der Kirche den Leib Christi. Aber ach, wie haben wir diesen Leib aus sozialer Verantwortungslosigkeit und aus Angst heraus geschändet und verunstaltet! Wenn unsere Kirche nicht aufs neue zur Opferbereitschaft der Urkirche zurückfindet, dann wird sie bald ohne Glaubhaftigkeit dastehen, die treue Anhänglichkeit von Millionen Gläubigen verlieren und als ein unbedeutender Gesellschaftsklub abgeschrieben werden, der im 20. Jahrhundert nichts mehr zu vermelden hat. Tagtäglich treffe ich junge Menschen, deren Enttäuschung über die Kirche in offenem Widerwillen gipfelt. Vielleicht war ich wieder einmal zu optimistisch. Vielleicht ist die organisierte Religion zu unlösbar mit dem Status quo verquickt, als daß sie noch fähig wäre, unser Volk und die Welt zu retten?

Aber immer wieder werde ich Gott dafür danken, daß einige edle Seelen der Kirchenführung die lähmenden Fesseln der Konformität abstreifen und sich uns im Kampf um die Freiheit anschließen. Einige sind von ihren Gemeinden im Stich gelassen worden und haben die Unterstützung seitens ihrer Amtskollegen und ihrer Bischöfe eingebüßt. Aber sie handelten in dem Glauben, daß das besiegte Recht doch stärker ist als das triumphierende Unrecht.«

Die Verärgerung der »gemäßigten« Geistlichen über den zivilen Ungehorsam, so King in seinem Schreiben weiter, verkenne die Unterscheidung zwischen gerechten und ungerechten Gesetzen, die auf die Bibel selbst zurückgehe. Auch Augustinus habe bereits klargestellt, daß ein »ungerechtes Gesetz überhaupt kein Gesetz« sei. King rief seinen Amtsbrüdern ins Gedächtnis, daß Hitler seine verabscheuungswürdigen Verbrechen legal begangen habe, während die ungarischen Freiheitskämpfer illegal handelten, als sie sich gegen ihre kommunistischen Tyrannen erhoben.

Juden während des Naziregimes zu helfen war illegal. Doch waren die Widerstandskämpfer etwa im Unrecht? Und waren die Afroamerikaner etwa im Unrecht, als sie sich gegen die lähmenden und unmoralischen Segregationsstatuten erhoben? Oder folgten sie nicht vielmehr einem höheren Gesetz, das alle Menschen guten Willens anerkennen sollten?

»Ich hege keinerlei Zweifel am endgültigen Erfolg unseres Kampfes in Birmingham« fuhr King fort, »selbst wenn unsere Beweggründe gegenwärtig noch mißverstanden werden. Wir werden unser Ziel, die Freiheit in Birmingham und allerorts, erreichen; denn das Ziel Amerikas ist die Freiheit.«

Während King diese Sätze in seiner Gefängniszelle formuliert, marschieren draußen über 5000 Menschen auf die Haftanstalt zu. Zwei Häuserblocks vor dem Gefängnis stoßen sie auf die Panzerspähwagen und Wasserwerfer der örtlichen Polizei. Pfarrer Andrew Young, der Anführer der Demonstrierenden, ruft die Protestanten zum Gebet auf. Die Menschen knien nieder, singen, und setzen nach wenigen Minuten ihren Protestmarsch fort. Man hört eine Frau schreien: »Allmächtiger Gott, öffne noch einmal das Rote Meer!« Eugene »Bull« Connor, der gefürchtete Polizeichef, befiehlt, die Wasserwerfer auf die Heranziehenden zu richten. Doch überraschenderweise schlagen die Polizisten nicht zu. Sie schauen wie gebannt auf die zivile Menge. Man kann in diesem Moment die Macht der Ohnmächtigen mit Händen greifen. Und die rebellische Frömmigkeit der Afroamerikaner.

Antwortet den Weißen nicht mit gleich großer Gewalt, hatte King den Seinen immer wieder eingeschärft. Überwindet die Gewalt – mit dem Guten. Wie das konkret inszeniert werden kann, das wird jetzt jedermann deutlich.

Nach acht Tagen werden King und Abernathy aus dem Gefängnis entlassen. Die strikte Trennung der schwarzen Bürger von den weißen aber existiert nach wie vor in Birmingham. Da entschließen sich die Führer der Kampagne, Andrew Young, Jim Bevel, Dorothy Cotton und Bernard Lee, die Jugendlichen der Stadt um Mithilfe zu bitten. Sie gehen auf die Schulhöfe im Farbigenviertel, in die Sonntagsschulen der Kirchen und erzählen den Jugendlichen von der Sklavenzeit. Zeitzeugen melden sich zu Wort.

Heute müssen wir selbst für unsere Rechte kämpfen, erklären die King-Leute den Kindern und jungen Leuten. An die 6000 – zwischen sechs und sechzehn Jahren – melden sich freiwillig.

Am 2. Mai versammeln sich an die tausend Jugendliche in der Sixteenth Street Baptist Church. King kommt zu ihnen. Singend ziehen sie in Gruppen von fünfzig in Richtung Rathaus. In einer Seitenstraße stoßen sie auf die Ordnungskräfte unter Bull Connor. Die Hochdruck-Wasserwerfer werden freigegeben. Ihr Strahl schleudert die Mädchen und Jungen vom Bürgersteig, wirft sie gegen Hauswände, jagt sie über die Fahrbahn. Sie schreien, knien nieder und beten. Ein Augenzeuge berichtet: »Man hetzte die Polizeihunde auf die Menge, und sie bissen Frauen und Kinder. Sie wurden nicht zur Einschüchterung, sondern zu einem Angriff auf die Demonstranten benutzt. Es machte den Eindruck, als habe es die Polizei darauf angelegt, einen Straßenkampf zu entfesseln.«

959 Kinder werden an diesem Tag festgenommen. Die Stadt ist nicht mehr in der Lage, die Inhaftierten unterzubringen. In den Tagen darauf werden weitere 2000 Bürger verhaftet. Die Gefängnisse sind überfüllt. Gegen Kaution (bail) könnten die Menschen das Gefängnis (jail) verlassen. Sie aber denken nicht daran, der Stadt Geld zu zahlen. Sie bleiben in den Zellen, erzeugen bewußt ein Versorgungschaos. Jail, no bail, heißt die Losung. Der Magistrat muß klein beigeben, muß die Demonstrierenden entlassen.

Inzwischen gehen die Afroamerikaner in die weißen Warenhäuser der City, lachen über die Verbotsschilder für Farbige. Im Tanzschritt marschieren einige Frauen auf der Straße, Richtung Rathaus, einen Fuß unten auf dem Pflaster, den anderen oben, auf dem Gehsteig. Widerstand mit Witz und Wut begegnet da, ein heiterer Pazifismus. Das Neue, aus der alten schwarzen Kultur herübergerettet, ist die Phantasie der Bürger, die Mächtige überlistet, ohne sie zu verletzen. Die schwarzen Frauen auf dem Gehsteig in Birmingham, 1963. Sie drücken ihren Protest tänzerisch aus, als eine Art Pantomime, symbolisch, in einer Körpersprache, die jeder versteht.

Ohne Gewalt dem anderen entgegentreten, mit entwaffnender Freundlichkeit? Schwinden die Konflikte tatsächlich, wo Menschen heiter opponieren? Die Bilder der Jugendlichen, die in Birmingham verfolgt werden, machen auch Angst. Es sei unverantwortlich, einen solchen »Kinderkreuzzug« zu inszenieren, wirft man King vor. Er sei ein Anführer, ein trouble-maker, wohin er kommt. Schon in seinem »Brief aus dem Gefängnis in Birmingham« antwortet King auf diesen immer wieder erhobenen Vorwurf:

»Ich erhielt heute morgen einen Brief von einem weißen Bruder aus Texas, in dem er schreibt: Alle Christen wissen, daß die Farbigen eines Tages die Gleichberechtigung erlangen werden. Aber gehen Sie nicht vielleicht zu weit in Ihrer religiösen Eile? Das Christentum hat zweitausend Jahre gebraucht, um zu erreichen, was es erreicht hat. Christi Lehren brauchen Zeit, um Wurzel zu fassen. Was hier gesagt ist, erwächst aus einem tragischen Mißverständnis des Begriffes ›Zeit‹. Es ist die merkwürdig unrealistische Vorstellung, daß die Zeit die Fähigkeit besäße, unweigerlich alle Übel zu heilen. Die Zeit ist aber durchaus neutral. Sie kann sowohl destruktiv als auch konstruktiv verwendet werden. Ich glaube allmählich, daß die Menschen bösen Willens ihre Zeit wesentlich nützlicher verwendet haben als die Menschen guten Willens. Unsere Generation wird eines Tages nicht nur die ätzenden Worte und schlimmen Taten der schlechten Menschen zu bereuen haben, sondern auch das furchtbare Schweigen der guten. Wir müssen erkennen lernen, daß menschlicher Fortschritt niemals auf den Rädern des Unvermeidlichen heranrollt. Er ist das Ergebnis unermüdlicher Bemühungen und beharrlichen Einsatzes von Menschen, die bereit sind, Mitarbeiter Gottes zu sein. Ohne solche Anstrengungen wird die Zeit zum Verbündeten der Kräfte des sozialen Stillstandes.

Wir müssen die Zeit schöpferisch verwenden und uns stets vor Augen halten, daß es immer rechte Zeit ist, das Rechte zu tun. Jetzt ist es Zeit, die Grundsätze der Demokratie zu verwirklichen und das Klagelied unserer Nation in eine schöpferische Hymne der Brüderlichkeit umzuwandeln. Jetzt ist es Zeit, unsere nationale Politik aus dem Treibsand der Rassenungerechtigkeit zu heben und auf den sicheren Felsen menschlicher Würde zu stellen.

Ich will Ihnen, meine christlichen und jüdischen Brüder, zwei Geständnisse machen. Als erstes muß ich bekennen, daß ich in den letzten Jahren von den gemäßigten Weißen zutiefst enttäuscht wurde. Ich bin beinahe zu dem Schluß gekommen, daß das große Hindernis auf dem Wege des Negers in die Freiheit nicht der Weiße Bürgerrat oder Ku-Klux-Klan ist, sondern der gemäßigte Weiße, dem ›Ordnung‹ mehr bedeutet als Gerechtigkeit, der einen negativen Frieden, in dem es keine Spannungen gibt, einem positiven Frieden, in dem Gerechtigkeit herrscht, vorzieht; der ständig sagt: ›Mit Ihrem Ziel bin ich völlig einverstanden, nicht aber mit Ihren Methoden der direct action‹; der meint, in väterlicher Fürsorge die rechte Zeit für die Freiheit eines anderen bestimmen zu müssen; der dem Neger immer wieder rät, einen ›passenderen Zeitpunkt‹ abzuwarten. Oberflächliches Verständnis bei Menschen, die guten Willens sind, ist entmutigender als absolutes Mißverständnis bei Menschen bösen Willens. Lauwarme Anerkennung ist irreführender als völlige Ablehnung.

Ich hatte gehofft, die gemäßigten Weißen würden verstehen, daß das Gesetz dazu da ist, die Gerechtigkeit durchzusetzen, und daß es andernfalls zu einem gefährlichen Hindernis wird, das die Flut des sozialen Fortschritts hemmt. Ich hatte gehofft, der gemäßigte Weiße würde verstehen, daß die augenblickliche Spannung in die Südstaaten nur eine notwendige Übergangsphase ist, und zwar von einem negativen Frieden, in dem der Neger die Ungerechtigkeit teilnahmslos hinnahm, zu einem positiven Frieden, in dem alle Menschen die Würde und den Wert der menschlichen Persönlichkeit respektieren werden. Eigentlich sind wir, die wir uns an einer direct action beteiligen, nicht die, die die Spannung erzeugen. Wir bringen nur die bereits vorhandene, verborgene Spannung an die Oberfläche. Wir holen sie ans Tageslicht, damit man sie sehen und sich mit ihr befassen kann.«

In der Tat, die ganze Nation wird gerade durch die gewaltfreie Handlungsweise des Nichtzurückschlagens über Nacht gewahr, wer die Übeltäter und wer die Opfer in diesem Konflikt sind. Die Bilder von Hunden, die zwischen die Demonstranten jagen und um sich beißen, der Anblick von Polizisten, die schlagstockschwingend Jagd machen auf halbwüchsige Jugendliche, diese schockierenden Szenen setzen schließlich auch die Bundesbehörden unter Druck. Präsident John F. Kennedy schickt 3000 Soldaten nach Birmingham. In einer leidenschaftlichen, landesweit übertragenen Ansprache macht der Präsident sich persönlich stark für Kings Freiheitsbewegung.

Am 10. Mai 1963 lenken der Stadtrat und das weiße Bürgerkomitee von Birmingham schließlich ein. Die Übereinkunft enthält alle Forderungen der Afroamerikaner:

1. Aufhebung der Rassentrennung für Erfrischungsräume, Toiletten und Anproberäume sowie Trinkfontänen;
2. Nicht diskriminierende Beförderung und Einstellung von Farbigen in der gesamten Industrie, in Wirtschaft und Handel sowie innerhalb der Kirche;
3. Zusammenarbeit mit der Bürgerrechtsbewegung mit dem Ziel, alle im Zusammenhang mit den Protesten inhaftierten Personen gegen Bürgschaft oder Kaution freizulassen;
4. Anknüpfung offizieller Kontakte zwischen Schwarzen und Weißen, um zu verhüten, daß weitere Demonstrationen notwendig werden.

King selbst sieht in der Annahme dieses 4-Punkte-Programms den Höhepunkt seines bisherigen Engagements für die Menschenrechte.

Vier Jahre später, im November 1967, bei seiner letzten Rede vor dem Mitarbeiterstab der SCLI in Frogmore, South Carolina, zieht King ein Resümee dieser ersten Phase der Freiheitsbewegung. »Gegen die Unterdrückung in unserem Land wurde gewaltlos Widerstand geleistet«, beginnt er. »Wir brachten schwarze Menschen im Süden auf die Straße mit der Forderung, ihr Bürgerrecht und ihre Menschenwürde zu respektieren. Bedenkt man, daß wir uns im Süden mit seinem komplexen System brutaler Rassentrennung befanden, dann haben wir tatsächlich eine Rebellion in Gang gebracht.« Er spricht von den öffentlichen Straßenmärschen in Albany und Birmingham, von der Härte der Polizei in Selma und daß man trotzdem diszipliniert an der gewaltlosen Strategie festgehalten habe. Das aber habe gerade »die rassistischen Machthaber im Süden« so irritiert: »Wenn sie uns marschieren ließen, zerstörten sie den Mythos von der Zufriedenheit des schwarzen Mannes. Wenn sie uns niederschossen oder brutal behandelten, standen sie vor der Welt als unmenschliche Bestien da. Sie versuchten uns mit Drohungen und Furcht aufzuhalten – Taktiken, die lange Zeit wirkungsvolle Instrumente der Unterdrückung gewesen waren. Aber die Strategie der Gewaltlosigkeit hatte ihre Gewehre blockiert und der Trotz der Schwarzen ihr Selbstvertrauen erschüttert. Als sie schließlich zu Schlagstöcken, Hunden und Gewehren griffen, waren das Ausland und die Nation Beobachter. Eben in diesem Augenblick wurde die Macht des gewaltlosen Protests offenbar.« (Martin Luther King: Testament der Hoffnung. Letzte Reden, Aufsätze und Predigten. Gütersloh 1974, S. 41 f.)

Nur zu gut aber ist sich der schwarze Pfarrer dessen bewußt, daß die Praxis der gewaltfreien Aktion alleine in Montgomery und Birmingham nicht zum Ziel geführt hätte. Denn trotz einjährigem Boykott der städtischen Buslinien durch die Bevölkerung hätten die Stadtbehörden von Montgomery 1956 noch immer nicht die Rassentrennung aufgehoben, hätte nicht der Oberste Bundesgerichtshof in Washington selbst sie dazu gezwungen. So auch in Birmingham. Erst die Macht von unten forderte den Staat dramatisch zum Handeln heraus. Und umgekehrt verhalf erst die staatliche Intervention der gewaltfreien Aktion rechtspolitisch zum Erfolg. Und so sollte es bleiben bis zum Frühjahr 1966.

### *1963–1965: Die großen Freiheitsmärsche*

## Vom Widerstand gegen den Rassismus zum Kampf gegen den Vietnamkrieg

»... Ich habe einen Traum, daß eines Tages auf den roten Hügeln von Georgia die Söhne früherer Sklavenhalter und früherer Sklaven brüderlich am Tisch zusammensitzen werden. Ich habe einen Traum, daß sich eines Tages selbst der Staat Mississippi, ein Staat, der in der Hitze der Ungerechtigkeit und Unterdrückung verschmachtet, in eine Oase der Freiheit und Gerechtigkeit verwandelt. Ich habe einen Traum, daß meine vier kleinen Kinder eines Tages in einer Nation leben werden, in der man sie nicht nach ihrer Hautfarbe, sondern nach ihrem Charakter beurteilen wird ...«

Am 28. August 1963 kommt Martin Luther King nach Washington. Er hält seine weltberühmte Rede direkt vor dem Abraham-Lincoln-Denkmal. Aus allen Staaten der USA, von Tennessee im Süden und von der Chicago West-Side sind die Afroamerikaner gekommen, gut 200000 Bürger der USA klatschen Martin Luther King Beifall, dem jungen, mitreißenden Pfarrer aus Alabama. Keine Schüsse, keine Unruhe am Rande. Enthusiasmus liegt in der Augustluft. Noch ist man in das Washington John F. Kennedys gekommen. Noch kann man hoffen, daß ein Präsident der Vereinigten Staaten die Grundrechte seiner unterdrückten Bürger ernst nehmen wird, die politische Vision einer Gleichheit aller Bürger, die King machtvoll beschwört:

»Wenn wir die Freiheit erschallen lassen – ... von jeder Stadt und jedem Dorf, von jedem Staat und jeder Großstadt, dann werden wir schneller den Tag erleben, an dem alle Kinder Gottes sich die Hände reichen – Schwarze und Weiße, Juden und Christen, Protestanten und Katholiken ...«

King sieht alle, Schwarze und Weiße, Moslems, Juden und Christen, Linke und Rechte an einem »Tisch der Brüderlichkeit« (table of brotherhood). Er ist beflügelt von dieser politischen Vision einer Weltgemeinschaft gleichberechtigter Menschen. Das Einzigartige: Sein Konzept formuliert in elementarer Klarheit die fundierenden Werte des demokratischen Amerika, ja der ganzen westlichen Welt. King erinnert an die zwei Grundtraditionen der Neuen Welt, einmal an die Menschenrechtsdeklaration. Und dann an die politische Wegweisung des Neuen Testaments.

Als erstes beschwört King die universale Vision der Verfassung der USA, der Unabhängigkeitserklärung von 1776: Daß alle Menschen gleich geschaffen sind, »von ihrem Schöpfer ausgestattet mit gewissen unveräußerlichen Rechten, zu denen Leben, Freiheit und das Streben nach Glück« gehören. King erinnert in machtvoller Sprache, in »goal language«, an die noch immer nicht eingelösten Zusagen der Verfassung. Und er spricht ganz in der Tradition Abraham Lincolns, der Denkweise des anderen, des völkerfreundlichen Amerika.

»Worin«, fragte Abraham Lincoln schon 1858, »worin besteht das Bollwerk unserer Freiheit?« Lincolns Antwort könnte auch von King stammen. Der große Präsident fragte sich ja bereits vor eineinhalb Jahrhunderten:

»Besteht das Bollwerk der amerikanischen Freiheit in Festungen, Armeen und Flotten? Sie sind kein Schutz gegen eine Wiederkehr der Tyrannei in unserem schönen Land. ... Sie alle können auch gegen unsere Freiheiten gebraucht werden.«

›Brüderlich am Tisch zusammensitzen‹ – das ist zugleich ein symbolisches Bild der Bibel für die Menschenrechte. Die hochzeitliche Tafel, der Tisch, an dem alle Platz haben, auch die von den Hecken und Zäunen, ... die zunächst gar nicht eingeladen waren, so sieht der junge Mann Jesus die humane Völker-Gesellschaft. Und King, gleichaltrig mit dem Nazarener, hält das gleiche Spruchband hoch: Die Letzten werden die Ersten sein.

Eine einzige Revolte gegen das Todbringende, damals wie heute. Ein dauernder Einsatz für die Lebensrechte der »Gerechten« ebenso wie der »Ungerechten«. Martin Luther King, ein »schwarzer Jesus«? Das dürfte nicht unpassend sein.

Das gemeinsame Essen mit gesellschaftlich und politisch Unterdrückten, das war schon in der Zeit des Nazareners nicht die gnädige Herablassung eines Anständigen zu den Armen. Es war in erster Linie eine hochpolitische Handlung, keine karitative. Eine symbolische Handlung, die im Klartext bedeutet: Alle Menschen haben gleichen Anteil an den Gütern dieser Erde, einfach deshalb, weil sie Menschen sind. Der Zimmermannssohn, der auch die erklärten Feinde des Volkes an seinen Tisch holt, will deutlich machen, daß das Reich Gottes nicht eine wundersame Himmels-Überwelt meint, sondern eben eine andere, eine gerechte Struktur unserer gesellschaftlichen Verhältnisse.

Und auch darin sind die beiden Menschenrechts-Vorkämpfer Jesus und King vergleichbar, weil sie beide wegen ihrer revolutionären Innovationen ermordet wurden. Beide bestreiten den religiösen und den politischen Machthabern ihrer Epoche deren Legitimation und Herrschaftsgewalt. Und beide wollen etwas Neues, die tiefgehende Befreiung der Menschen aus selbstverschuldeter und aus aufgezwungener Unmündigkeit.

Tisch der Brüderlichkeit aller Menschen – das festliche Gegenbild zur finsteren Freund-Feind-Politik; für King ist das

*Der Marsch auf Washington (28. August 1963), einer der Höhepunkte der Bürgerrechtsbewegung. Kundgebung vor dem Denkmal des Sklavenbefreiers Abraham Lincoln*

keine Utopie weit, weit weg. Nein, die Aufhebung der Rassengegensätze in den USA und das Ende des mörderischen Krieges zwischen Amerikanern und Asiaten in Vietnam – das sah er unmittelbar vor sich, als politisches Nahziel seit 1963.

Das absolut Neue: Brüderlichkeit, in den Halleluja-Gottesdiensten der Afroamerikaner jahrhundertelang in eine Himmels-Überwelt verschoben, King nahm diese Vision beim Wort, übersetzte sie zurück in die Gegenwart.

Es ist wie ein Echo auf die Worte Kings, als Präsident Kennedy das Ende der Rassendiskriminierung als vordringliche moralische Aufgabe seiner Regierung bezeichnet, die sich »sowohl aus der Bibel wie aus der amerikanischen Verfassung« herleitet.

»Alle Menschen«, so Kennedy »sind gleich geschaffen, und die Schmälerung der Rechte eines Einzelnen schmälert am Ende die Rechte aller.«

Zwei Wochen nach der großen Rede, am 15. September 1963, detoniert in der Sonntagsschule der Sixteenth Avenue Baptist Church in Birmingham eine Bombe. Vier afroamerikanische Mädchen werden zerfetzt, 21 andere schwer verletzt. Sie sind gerade bei einer Katechismus-Stunde über das Thema »Die verzeihende Liebe«. Kurz darauf erschießen zwei weiße Jungen den dreizehnjährigen Afroamerikaner Virgil Ware. Die Urteile, die daraufhin ergehen, sind ein einziger Hohn auf die Gleichheitsrechte. Die beiden weißen Jungen erhalten sieben Monate Haft auf Bewährung. Die Bomben-Terroristen werden nicht wegen Mordes verurteilt, sondern nur wegen unerlaubten Sprengstoffbesitzes. Sie erhalten sechs Monate Gefängnis und 100 Dollar Strafe. Nicht lange danach werden sie bereits wieder entlassen.

Zur Beerdigung der Mädchen kommt kein einziger der weißen Stadtverordneten. Die 8000 Teilnehmer, die aus der black community zur Beerdigung kommen, hören Pfarrer King rufen: »Auch in der Dunkelheit dieser Stunde dürfen wir nicht verzweifeln und keine Bitterkeit in unseren Herzen tragen. Wir dürfen dem Wunsch nicht nachgeben, Gewalt mit Gewalt zu vergelten. Wir dürfen den Glauben an unsere weißen Schwestern und Brüder nicht verlieren. Wir müssen davon überzeugt bleiben, daß auch derjenige unter ihnen, der sich am weitesten verrannt hat, lernen kann, die Würde und den Wert jeder menschlichen Person zu respektieren.«

Und dann folgen Sätze, die Kings innerste Überzeugung ausdrücken, seinen Glauben an die erlösende Kraft unverschuldeter Leiden: »Sie starben nicht umsonst ... Das unschuldige Blut dieser kleinen Mädchen kann sehr wohl zur erlösenden Kraft werden, die neues Licht in diese dunkle Stadt bringt. ... Möge das von diesen vier unschuldigen Opfern vergossene Blut alle Bürger von Birmingham dazu führen, die negativen Extreme einer dunklen Vergangenheit in positive Extreme einer leuchtenden Zukunft zu verwandeln. Möge dieser tragische Vorfall die weißen Bewohner der Südstaaten zu einer ehrlichen Gewissenserforschung anregen.«

King spricht hier wie auch sonst immer bewußt als protestantischer Pfarrer. Nie verfällt er in die Rolle des politischen Rächers, der die Emotionen der Gedemütigten nutzt, um ihnen die eiserne Härte des Widerstehens einzuschärfen.

Der Tod der unschuldigen Farbigen wird zugleich als ein Moment in der Befreiungsbewegung gedeutet und damit der vorpolitischen Privatesse entrissen. Und immer spricht King in der festen Überzeugung, daß Gott die Leidtragenden trösten wird und daß auch ihnen sein großer Traum gilt.

Das Jahr 1963 ist von weiteren Gewaltexzessen in den Vereinigten Staaten verdunkelt. Am 22. November wird Präsident Kennedy in Dallas, Texas, ermordet. Als die Nachricht King erreicht, ist er erschüttert. »Genauso wird es auch mir ergehen«, sagt er zu Coretta. »Ich glaube nicht, daß ich diese Revolution überleben werde.« Aber er sagt es nicht wehleidig und nicht defätistisch. Er setzt seine »Pilgerreise zur Gewaltfreiheit« entschlossen fort. »Der Schuß aus dem fünfstöckigen Gebäude in Dallas kann nicht als die isolierte Tat eines Geistesgestörten betrachtet werden«, schreibt King im Mitteilungsblatt der SCLC: »Gewiß, die Frage, wer ermordete Präsident Kennedy, ist wichtig. Doch für noch wichtiger halte ich die Frage, was hat ihn umgebracht? Unser verstorbener Präsident wurde durch ein moralisch krankes Klima im Land ermordet, ein Klima, das gekennzeichnet ist durch zahlreiche Verleumdungen, durch Stürme des Hasses und der Gewalt.

Falls dieses Virus des Hasses nicht unverzüglich wirksam bekämpft wird, wird es uns unweigerlich zum moralischen und geistigen Verhängnis.«

Kennedys Tod erschütterte das ganze Land jedoch stärker als jedes andere Ereignis seit dem japanischen Angriff auf Pearl Harbor im Dezember 1941. Das Attentat löste eine Welle an Trauer aus, stärker noch als die Ermordung Abraham Lincolns oder Roosevelts plötzliches Ableben im April 1945! Der plötzliche gewaltsame Tod Kennedys schien das ganze Land, ja die Welt um eine bessere Zukunft zu bringen (vgl. Robert Dallek: John F. Kennedy. Ein unvollendetes Leben. München 2003, S. 646). Ein Gefühl, das nicht minder stark noch einmal das amerikanische Volk berühren soll, als auch Martin Luther King von einem weißen Attentäter erschossen wird. Und auch darin sind die beiden Dioskuren der Freiheitspolitik in den USA vergleichbar: Bis heute sind die Drahtzieher der Untaten von Dallas (1963) und der von Memphis (1968) im dunkeln geblieben.

Kennedys Ermordung bringt die Aktivitäten der Bürgerrechtsbewegung nicht zum Stillstand. Sie stärkt aber auch den Rassen-Terror weißer Extremisten. Am 26. Mai 1964 werden in St. Augustin, einer Hochburg der Fremdenfeindlichkeit in Kalifornien, ein schwarzer Zahnarzt und drei Studenten von Anhängern der terroristischen Vereinigung Ku-Klux-Klan so lange geschlagen, bis sie bewußtlos liegenbleiben. Einer der Zuschauer ruft den Folterern zu: »Schlagt den Zahnarzt auf die rechte Hand; er ist Rechtshänder.« Als King einen Demonstrationszug für eine zivile Konfliktlösung in St. Augustin anführt, stößt er auf einen mit Ketten bewaffneten weißen Mob. Die Demonstranten fallen auf die Knie und beten laut, man hört einen Weißen schreien »Nigger haben keinen Gott«. Die kalifornische Polizei schreitet nicht ein, überläßt die Schwarzen dem Haß der Weißen. King wird ins Gefängnis geworfen. Zwei Tage später verleiht ihm die Yale Universität den Ehrendoktor in Jurisprudenz. Der Pfarrer muß 900 Dollar Kaution hinterlegen, um an der Ehrung teilzunehmen. Unmittelbar danach kehrt er wieder zurück ins Gefängnis.

In Selma, Alabama, erlischt im Januar 1965 bei einem Protestmarsch der Bürgerrechtler plötzlich die Straßenbeleuchtung, so daß Polizisten und Rassenfanatiker auf die schwarzen Bürger einschlagen können. Am 7. März, beim 54-Meilen-Marsch von Montgomery nach Selma, werden 70 Farbige mit Peitschen und Stöcken von der Polizei so zugerichtet, daß dieser Tag als »Blutiger Sonntag« in die Geschichte der Bürgerrechtsbewegung eingeht.

So wie Kennedy durch die öffentliche Gewalt in Birmingham zum Einschreiten von oben veranlaßt wird, so jetzt Präsident Lyndon B. Johnson in Selma. Johnson, selbst ein Südstaatler, fordert vom Kongress, endlich die Wahlrechtsgesetze für Farbige zu verabschieden. »Ihre Sache muß auch unsere Sache werden«, ruft er in einer leidenschaftlichen Rede. »Weiße und Schwarze müssen gemeinsam das lähmende Erbe von Scheinheiligkeit und Ungerechtigkeit überwinden.« Er schließt mit den Worten des Bürgerrechts-Spirituels »We shall overcome«. (Vgl. dazu Richard Deats: Martin Luther King, S. 102 ff.)

Der Marsch nach Selma wird schließlich zu einer großen politisch-religiösen Demonstration, an der auch viele Weiße teilnehmen. »Ich spürte, daß ich an etwas Heiligem teilnehme«, hält Rabbi Abraham J. Heschel in seinem Tagebuch fest.

Viele Teilnehmer empfinden bei diesem bedeutenden Marsch den alten amerikanischen Gründungsmythos neu. Wie die Israeliten in der Wüste ertragen auch sie ihren langen Zug als eine Führung Gottes in das »Gelobte Land«, freilich kategorial anders als die gewaltsamen Eroberer, die, aus Europa kommend, den ganzen Neuen Kontinent ohne Rücksicht auf die Indianer für sich annektieren. (Dazu Hans-Eckehard Bahr: Erbarmen mit Amerika, S. 28 ff.)

Die großen Freiheitsmärsche der Jahre 1963 bis 1966 bringen – und das ist das Entscheidende – am 6. August 1965 die Unterzeichnung der Wahlrechtsgesetze. Da nunmehr Afroamerikaner zu den Wahlen gehen dürfen, werden auch mehr Farbige in öffentliche Ämter gewählt. Ein langer Marsch durch die Institutionen des weißen Amerika beginnt.

King wird am 3. Juni 1964 bereits als »Mann des Jahres« im »Time Magazine« vorgestellt. »Kings Mission ist, die Kräfte der Gewalt umzumünzen in direkte, gewaltfreie Aktionen«, schreibt das Nachrichtenmagazin. »Dafür arbeitet er zwanzig Stunden am Tag.«

Mitte Oktober 1964 wird King der Friedensnobelpreis zuerkannt. Jubel bei den Freunden, Staunen bei den Gegnern. Mit 35 Jahren ist er der jüngste Preisträger. Den hohen Geldbetrag, der mit dieser Auszeichnung verbunden ist, übergibt King der Bürgerrechtsbewegung. »Ich nehme«, erklärt King am 10. Dezember in Oslo, »diesen Preis im Namen einer Bürgerrechtsbewegung entgegen, die entschlossen und mit bewundernswerter Mißachtung von Risiko und Gefahr aufgebrochen ist, um ein Reich der Freiheit und eine Herrschaft der Gerechtigkeit aufzurichten. Wenn ich darüber nachdenke, warum dieser Preis unserer Bewegung verliehen wurde, komme ich zu dem Schluß, daß ich diese Auszeichnung entgegennehmen durfte, weil sie nachdrücklich anerkennt, daß Gewaltfreiheit die einzig gültige Antwort auf die entscheidende politische und moralische Frage unserer Zeit ist. Es gilt, Unterdrückung und Gewalt zu überwinden, ohne selbst zur Unterdrückung und Gewalt Zuflucht zu nehmen.«

Bis 1964, bis zu der weltweiten Anerkennung Kings ist die Atmosphäre siegesbewußt, ja fast heiter. Bis dahin ist man getragen vom großen Traum Martin Luther Kings und von den Freiheitsliedern der Bewegung. Von Pete Seegers Liedern beispielsweise, der wie kaum ein anderer die Menge beigeistern kann. So im Juni 1963 in Chicago, wo er alte Songs umdichtet auf die Bürgerrechtsbewegung. »We shall overcome, we shall overcome, we shall overcome some day, oh, deep in my heart, I do believe: We shall overcome some day.«

Ein Gesang für eine Welt ohne Polizeiknüppel. Auch Pete Seeger bezieht die alten, großen Verheißungen sehr direkt auf die Gegenwart, auf den Polizeichef Pritchett, den gefürchteten Bürgerrechtsdrangsalierer von Albany (»No more Pritchett«) oder auf andere Ikonen weißer Macht.

In den frühen sechziger Jahren war der Funke bereits auf alle Entrechteten in den USA übergesprungen, auf die Landarbeiter aus Mexiko vor allem. Hunderttausende von ihnen waren gezwungen, ohne Tarifabmachungen, im Grunde ohne Menschenrechte, in der kalifornischen Hitze zu arbeiten. Gastarbeiter der untersten Stufe. Auch sie waren plötzlich ergriffen von der Vision, gewaltfrei, ohne zurückzuschlagen, ihre Mindestrechte zu fordern. César Chávez, ein mexikanischer Priester, ein Mann aus den Elendsvierteln von San Diego, wurde über Nacht zum charismatischen Führer der zweiten gewaltfreien Bewegung im Amerika der sechziger Jahre. Joan Baez, an der Spitze der mexikanisch-amerikanischen Gastarbeiter, sang auf die Zukunft der Freiheit ihr berühmtes »Gracias a la vida«.

Seither ermutigt die von King initiierte Emanzipationsdynamik auch andere Gruppen und Milieus, die in den USA für gesetzliche Gleichheit kämpfen, Frauen, Ökologie-Engagierte, Indianer, Wanderarbeiter, Chicanos, antimilitaristische Initiativen, Homosexuelle und viele nicht respektierte Menschen.

### *1966–1967: Kings zweite Rolle*

## Von der Bürgerrechts- zur Friedensbewegung

Im Frühjahr 1966 zieht King nach Chicago. Die zweite Phase der SCLI beginnt, die schwerste Strecke der großen »Pilgrimage to Nonviolence«: Birmingham 1963, der Marsch nach Washington im selben Jahr und 1964 dann die Verabschiedung der ersten, wirklich nennenswerten Bürgerrechtsgesetze – das alles markiert die Erfolgsperiode Kings, die Periode des Zusammenspiels von gewaltfreier Einzelaktion und bundesstaatlicher Unterstützung. In Chicago sieht sich King mit einem kommunalpolitischen System konfrontiert, das bundesstaatliche Interventionen mit allen Mitteln der Intrige zurückweist. Seine Praxis der direkten gewaltfreien Aktion, seine aktive Boykottpolitik erweisen sich nicht mehr als die einzig wirksame Alternative einer christlichen Opposition gegen die in der Stadt herrschenden Machtverhältnisse, gegen das dichte System von Ämterpatronage und korrupter Parteimaschine des Bürgermeisters Daley. Denn die Bürgerrechtler sind hier im Norden nicht nur mit der subjektiven Bösartigkeit einiger Militärs oder dem Gros weißer Rassenfanatiker konfrontiert. Sie sehen sich vielmehr einem komplexen Gesellschaftssystem gegenüber, das seit 1946 für militärische Zwecke 904 Milliarden Dollar (oder 57 Prozent des nationalen Budgets) ausgibt, für das Sozialprogramm im Lande selbst im gleichen Zeitraum jedoch nur 96 Milliarden Dollar (oder 6 Prozent des Haushalts).

(Eine differenzierte Aufschlüsselung dieser Fakten bei Bayard Rustin: Der lange, heiße Sommer oder die Zukunft der spätkapitalistischen Gesellschaft. Detroit 1967, auch in: Hans-Eckehard Bahr [Hg.]: Weltfrieden und Revolution. Reinbek bei Hamburg 1968.)

King, ein Mann unbedingter Offenheit, gerät hier an einen Mann aus dem Al-Capone-Milieu. Wahrheit und Zivilcourage stoßen in der Millionenstadt auf ein kommunalpolitisches Milieu der Vergangsterung.

Frühzeitig schon erkennt King die tragische Analogie zwischen dem Rechtskampf der Entrechteten in den Großstädten der USA und denen in den Elendszonen der Dritten Welt. »Es kann eine Zeit kommen, in der Schweigen Verrat bedeutet. Diese Zeit ist für uns mit der Vietnamfrage gekommen«, ruft er vor einer dichtgedrängten Menschenmenge am 4. April 1967 in der New Yorker Riverside Church, und: »Da ich von Beruf ein Prediger bin, wird es nicht überraschen, daß es für mich mehrere Gründe gibt, die Vietnam als Teil meiner moralischen Vision der Gesellschaft erscheinen lassen … Ich sah, daß der Krieg viel mehr tat, als nur die Hoffnungen der Armen im eigenen Land zu zerstören. … Wir nahmen die schwarzen jungen Männer, denen unsere Gesellschaft das Lebensrecht versagte, und sandten sie 8000 Meilen weit weg, um die Freiheiten in Südostasien zu sichern, die sie in Südwest-Georgia und East-Harlem nicht gefunden hatten. …

Um dieser Jungen willen, um dieser Regierung willen, um der Hunderttausende willen, die unter unseren Gewaltakten zittern, kann ich nicht schweigen … Auf welche Weise auch immer: Dieser Wahnsinn muß aufhören. Wir müssen zu einem Ende kommen, und zwar jetzt. Ich spreche als ein Kind Gottes und als Bruder jener leidenden, armen Menschen von Vietnam. Ich spreche für die, deren Land verwüstet, deren Häuser zerstört und deren Kultur vernichtet wird.

Ich spreche für die Armen in Amerika, die einen zweifachen Preis zahlen: den der zerbrochenen Hoffnung daheim und den des Todes und der Korruption in Vietnam.« (Vollständiger Text »Sprechen für die, die keine Stimme haben« ab S. 121–126).

Die Predigt Dr. Kings ist hart, weil sie ein Ausdruck des Vertrauens ist, des Vertrauens zur inneren Reife der Bürger, die nicht das »Ritual nationaler Schmeicheleien« (Fulbright) mehr hören wollen, sondern die Wahrheit. Und nachgeben können der Großmut der Vernunft, das gehört für King zuallererst zum Ethos der amerikanischen Verfassung.

Am 10. Juli 1966 führt der Friedensnobelpreisträger eine Demonstration an, die sich auf das Rathaus von Chicago zubewegt. Es ist ein unmäßig heißer Hochsommertag. Ich sehe, wie King 95 Thesen vor der City Hall entrollt und sie an das verschlossene Portal heftet. Sie handeln von der Gleichheit aller Bürger der Millionenstadt vor dem Gesetz, da sie vor Gott alle gleich sind. Die Vision einer »offenen und gerechten Stadt«, die King in seinen 95 Thesen sozialpolitisch exemplifiziert, ist die Vision einer Weltgesellschaft, die alle zu gleichen Teilen an den Gütern der Erde partizipieren läßt. Es ist eine kühne Auslegung des Abendmahls in seiner ursprünglichen Bedeutung, die King in Thesen, Aufrufen und Predigten, ja schon in seiner Dream-Rede vor dem Lincoln-Memorial in Washington verficht: die Erde als Tisch Gottes allen Nationen, jedem Lebenden gleichberechtigt zuerkannt, ohne Vorleistungen und Verwerfungsaktionen (»table of brotherhood«). »Participatory democracy« heißt die ins Realpolitische übertragene Zielvorstellung, und King sucht ihr seit seiner Übersiedlung nach Chicago mit neuen Mitteln die Geltung zu verschaffen, die ihr zumindest verfassungstheoretisch schon zukommt.

In den dreizehn Jahren seines öffentlichen Wirkens weitet King seine Vision der globalen Gesellschaft als eines »Tischs der Brüderlichkeit« auf die Weltpolitik aus. Vom national begrenzten Ziel einer Rechtsgleichheit für alle Schwarzamerikaner geht sein Blick in die Weltgemeinschaft aller Elenden und aller Kulturen. Er entwickelt »die Vision einer weltweiten ›beloved community‹, eines ›Welthauses‹, in dem alle Menschen geschwisterlich zusammenleben«. (Heinrich Grosse: Clayborne Carson. Zeiten des Kampfes. Bremen 2004, S. 566)

Immer zielgerichteter fordert King von seinen Mitbürgern ebenso wie von den Politikverantwortlichen: »Unsere Treueverpflichtungen (loyalties) müssen ökumenisch werden; sie dürfen nicht regional (sectional) begrenzt bleiben. Und das bedeutet: Wir müssen eine Weltperspektive entwickeln.«

In dieser Sicht spiegelt sich – heute wieder – das andere Amerika, das seine Identität gerade nicht durch moralistische Abgrenzung von anderen Kulturen behauptet. Ein großherziges Amerika kommt hier in den Blick, das den kleingeistigen Provinzpossen einer machtgeschnitzten Washingtoner Administration in jeder Hinsicht überlegen ist. (Vgl. dazu Hans-Eckehard Bahr: Erbarmen mit Amerika, S. 25ff., 52ff., 134ff.).

Seit März 1966 wird Martin Luther King zum schärfsten Kritiker der Vietnampolitik seines Landes. Offen ruft er dazu auf, Gehorsam gegen kriegsorientierte Bundesgesetze zu verweigern. Der Weg vom spontanen Protest gegen die Rassendiskriminierung im Süden der USA zur organisierten Opposition gegen den Krieg zeichnet sich ab. Pfarrer, Universitätsprofessoren, Ärzte im weißen Kittel, junge Frauen mit Kinderwagen, Studenten, ein riesiger schweigender Zug von 120000 Menschen bewegt sich am 15. April 1967 durch New York, an ihrer Spitze Martin Luther King. Zur gleichen Zeit ziehen an die 60000 Demonstranten durch die Straßen San Franciscos. In Chicago ist es früher schon zu Massenversammlungen gekommen. Ich sehe in der City Riesenfotos verbrannter Kinder und weinender Mütter an einem Lastauto, dazwischen große Spiegel gehängt, mit dem Spruchband »Dies ist das Bild von Leuten, die Frauen und Kinder verbrennen lassen«.

Die Menschen in den Städten und Dörfern der Vereinigten Staaten sind aufgewühlt. Eine Mehrheit, quer durch alle Parteien hindurch, will eine Beendigung des Vietnamkrieges. Aber im Regierungslager, bei republikanischen Patrioten und den fundamentalistischen Fanatikern verhärtet sich auch der Widerwille gegen King und die von ihm repräsentierten Antikriegskräfte. Kings Anhänger sind oft in der Minderheit, werden tätlich angegriffen, öffentlich schikaniert, als unamerikanisch verleumdet.

Im Februar 1968 steht Martin Luther King wiederum in Washington, fünf Jahre nach dem triumphalen Marsch. Diesmal ohne Applaus, ja ohne die Kraft, noch irgend etwas Vorwärtsweisendes zu sagen. Umgeben von gut 2000 Pfarrern, schwarzen und weißen, verharrt der Nobelpreisträger zwei Stunden bei eisiger Kälte auf dem Nationalfriedhof Arlington, nicht weit entfernt

*Im Gefängnis in Birmingham, Alabama (3. November 1967)*

vom Grab John F. Kennedys. Der Krieg in Vietnam hat die Bevölkerung tief verstört und die Verantwortlichen in Washington aggressiv gemacht.

Buchstäblich »vor den Toren der Stadt« darf man sich laut Polizei versammeln. Karfreitagsstimmung liegt über den Männern, als Rabbi Abraham Heschel nach vorn tritt und laut Psalm 22 zu beten beginnt.

»Mein Gott, mein Gott, warum hast du mich verlassen? Ich heule, aber meine Hilfe ist ferne.

Mein Gott, des Tages rufe ich, so antwortest du nicht, und des Nachts schweige ich auch nicht. ... Aber du, Herr, sei nicht ferne; meine Stärke, eile, mir zu helfen. Errette meine Seele vom Schwert, meine einsame von den Hunden. Hilf mir aus dem Rachen des Löwen.«

Der Sterbepsalm des Gekreuzigten ist für die 2000 Pfarrer in Arlington zum Ausdruck vollendeter Ratlosigkeit geworden. In jenen Tagen ist der Papst nach New York geeilt, um die Delegierten der UNO zu beschwören, Schluß zu machen mit dem Vietnamkrieg. Mit verzweifeltem Ernst versucht Papst Paul VI. vor dem Forum der Vereinten Nationen das Gewissen Amerikas zu schärfen. Vergebens. Zur gleichen Zeit, als der Papst in New York »Frieden, Frieden« ruft, starten die Amerikaner ihre massivsten Bombardements auf radelnde Nachschubkolonnen, auf Schulen und Bambushütten in Nordvietnam.

## Eine »Rekonstruktion der Gesellschaft«<br>Kings späte Vision

Martin Luther King wird gegen Ende seines Lebens vom Weißen Haus zur »unerwünschten Person« erklärt. Vielleicht, weil er in seinem letzten Lebensjahr auf die Gewaltfrage in den reichen Gesellschaften eine unerwartete Antwort gibt. Was unterscheidet diese Äußerungen des späten King von den bekannten früherer Jahre? Und was bedeutet diese Stimme für die Lösung unserer eigenen Probleme?

Die entscheidend neue Einsicht Kings in den letzten Monaten vor seiner Ermordung ist, daß Armut, Arbeitslosigkeit, wirtschaftliche Benachteiligung ganzer Bevölkerungsschichten das Grundproblem unserer westlichen Gesellschaft sind, daß der Haß gegen Minderheiten als solcher also nur ein Teil dieses Problems wachsender Ungleichheit ist. Seine Folgerung: Wenn von Gewalt in unserer Gesellschaft die Rede ist, wäre in erster Linie von einer Gewalt der Sozialstruktur zu reden, nach welcher einige Bürger den ihnen laut Verfassung zukommenden Anteil an den Lebensmöglichkeiten in der Gesellschaft nicht erlangen.

Erst nach seinem Tode wagt eine große amerikanische Illustrierte, folgende Sätze aus einer Rede Kings zu veröffentlichen: »Jahrelang mühte ich mich ab mit dem Gedanken, die bestehenden Institutionen der Gesellschaft zu reformieren, eine kleine Veränderung hier, eine kleine Veränderung da. Jetzt bin ich ganz anderer Meinung: Ich denke, eine Rekonstruktion der Gesellschaft, eine Revolution der Werte ist notwendig. ... Ein Gebäude, das Bettler hervorbringt, muß neu gebaut werden. ... Man beginnt die Frage zu stellen: Wer besitzt das Öl? ... Wer besitzt das Eisenerz?«

Eine »Rekonstruktion der Gesellschaft«? Eine »Revolution der Werte« der »kapitalistischen Ökonomie«? Das sprechende Pferd also? Wie stellt sich King solche Realisierung der Menschenrechte aller vor?

Das Ziel »wird eine gerechtere Aufteilung politischer Macht zwischen Schwarzen und Weißen sein. Integration ist sinnlos ohne Teilhabe an der Macht. Wenn ich von Integration spreche, dann meine ich keine romantische Mischung der Rassen, sondern eine wirkliche Aufteilung von Macht und Verantwortung. ... Die Konsequenzen wahrer Integration der verschiedenen Rassen gehen über den nationalen Bereich hinaus. Es kann meines Erachtens keinen Weltfrieden geben, bis Amerika eine Außenpolitik betreibt, die anderen Völkern gleiche Chancen einräumt. ... Menschen des weißen Westens sind ... mit falschen Mythen und Traditionen aufgewachsen, die sie blind machen gegenüber dem Streben und den Talenten anderer Menschen. Sie achten niemanden wirklich, der nicht weiß ist. Aber es kann einfach keinen Frieden in der Welt geben ohne wechselseitige Anerkennung ...«

Teilhabe an der Macht, Teilhabe an der Verantwortung, wechselseitige Anerkennung als Grundbedingungen des Friedens – dieses Testament Martin Luther Kings ist in der Tat nicht auf die

USA beschränkt und schon gar nicht nur auf die Afroamerikaner. Im Kampf der farbigen Bürger wird ja ein menschenrechtlich universales und ein fundamental christliches Interesse der Gleichheit aller Menschen ausgetragen, ein Grundwert, der in die Verfassungen aller westlichen Demokratien eingegangen ist, also auch Fundament unserer Grundrechte ist.

## Kings dritte Stoßrichtung
## Der Zusammenhang von Rassismus, Krieg und globaler Armut

Seit dem Frühjahr des Jahres 1968 hörte man King ständig von dem Zusammenhang zwischen Rassismus, Armut und Krieg sprechen. »Wir müssen zur Kenntnis nehmen, daß die Übel des Rassismus, der wirtschaftlichen Ausbeutung und des Militarismus alle zusammenhängen. ... Ich bin davon überzeugt, daß unser Volk eine radikale Revolution der Werte vornehmen muß. Wir müssen schnell damit anfangen, von einer ›Ding-orientierten‹ Gesellschaft zu einer ›Person-orientierten‹ Gesellschaft zu kommen. Wenn Maschinen und Computer, Profitbestrebungen und Eigentumsrechte für wichtiger gehalten werden als die Menschen, dann wird das gigantische Trio von Rassenwahn, Materialismus und Militarismus nicht mehr besiegt werden können. Eine echte Revolution der Werte wird den schreienden Gegensatz von Armut und Reichtum angehen müssen.«

Wenige Monate vor seinem Tod entwickelt King einen Plan zur politischen Mobilisierung aller Unterprivilegierten in den USA. Ein »Marsch der Armen« soll die amerikanische Nation mit der Armut im eigenen Land konfrontieren. Die für das Frühjahr 1968 geplanten Aktionen sollen nicht auf die Afroamerikaner beschränkt sein, sondern erstmals Arme aus allen ethnischen Gruppen vereinen. Kings Ziel heißt »Macht für die Armen« (poor people's power).

»Dies ist kein Rassenkrieg, sondern ein Klassenkrieg«, hört man Kings neue Position. (Vgl. Martin Luther King: Testament der Hoffnung, S. 106, 63ff.)

Justizminister Robert Kennedy nennt die Zahl von 40 Millionen mangelhaft ernährter, medizinisch unterversorgter, ja hungernder

Bürger im reichsten Land der Welt. »Jetzt geht es um Dinge, die die Nation etwas kosten werden«, folgert King.

Die Letzten werden die Ersten sein, der »table of brotherhood« für alle Armen und Erniedrigten – um dieser Zielvorstellung für ein wirklich demokratisches Amerika willen ruft King öffentlich zu einem »Marsch nach Washington« auf. Auf den gepflegten Rasenflächen der Hauptstadt soll eine Müllstadt entstehen. »Hütten aus Blech, Kartons und losen Ziegeln, die Slums der Armen vor den Türen der Reichen. Hier würden sie hausen, tagelang, wochenlang, Jahre, wenn es sein müsste, und jeden Tag würden neue dazukommen. Sie würden die Gettos von Chicago, Detroit und Watts hinter sich anzünden und nach Washington marschieren, von Florida mit Maultiergespannen bis vors Weiße Haus karren, und niemand würde es wagen, sich ihnen in den Weg zu stellen.

Im Frühjahr 1968 sollte die Spitze des Zugs in der Bundeshauptstadt eintreffen und stellvertretend für vierzig Millionen US-Bürger vom Kongress die Beseitigung der wirtschaftlichen Ungleichheit einklagen.« (Vgl. die detaillierte Darstellung bei Arnulf Zitelmann: ›Keiner dreht mich um‹. Die Lebensgeschichte des Martin Luther King. Weinheim 1985, S. 148 f.)

Martin will mit in der Müllstadt leben.

Aber am 3. April 1968, einem Mittwoch, wird King nach Memphis, Tennessee, gerufen. Er soll die Spannungen zwischen der weißen Mehrheit und den gut 200 000 farbigen Bürgern der Großstadt schlichten. Das Durchschnittseinkommen ihrer Familien in Memphis beträgt zu dieser Zeit 2 300 Dollar im Jahr. Eine weiße Familie dagegen hat durchschnittlich 6 700 Dollar zur Verfügung. Die von der USA-Regierung als zumutbar festgesetzte unterste Grenze für ein menschenwürdiges Leben liegt bei 3 000 Dollar.

Die Männer der Müllabfuhr, fast ausnahmslos Afroamerikaner, haben schon zwei Monate lang wegen einer Lohnerhöhung gestreikt. Am 31. Januar wurden sie wegen Schlechtwetters einfach nach Hause geschickt, während die weißen Arbeiter nach einer Stunde die Arbeit wieder aufnehmen durften und im Gegensatz zu ihren schwarzen Kollegen Lohn für einen ganzen Arbeitstag erhielten. Bei ihren Protestmärschen tragen die Arbeiter der Müllabfuhr Schilder mit der Aufschrift: »I AM A MAN« (»Ich bin ein Mensch«).

Immer wieder geht die Polizei mit Schlagstöcken gegen sie vor. Die Stadt Memphis weigert sich, mit den Streikenden zu verhandeln und läßt weitere Protestmärsche gerichtlich verbieten.

Am Abend dieses 3. April steigt King auf die Kanzel in der Mason Temple Baptist Church. 17000 Menschen hören gebannt zu: »Ihr kommt nun seit dreißig Tagen zusammen, um zu sagen: ›Wir haben es satt, ganz unten am Boden zu sein … Wir haben es satt, in verfallenen, unzumutbaren Behausungen zu leben. Wir sind es leid, uns täglich abzurackern und dafür einen Lohn zu bekommen, der nicht einmal für das Notwendigste im Leben ausreicht. Wir haben es satt, daß unsere Männer so ausgemergelt sind und daß unsere Frauen und Töchter in den herrschaftlichen Küchen arbeiten müssen‹ … Und so sage ich euch: Keine Hunde und keine Wasserwerfer werden uns zurückhalten. Keine gerichtliche Verfügung kann uns daran hindern. Wir müssen wieder marschieren.«

Und dann fährt er fort: »Wir müssen zusammenhalten und Einheit bewahren. Sobald sich die Sklaven zusammentun, geschieht etwas am Hof des Pharao, und dann kann er die Sklaverei nicht mehr aufrechterhalten … Wir benötigen keine Molotow-Cocktails. Wir müssen nur zu den Geschäften und den Großindustrien unseres Landes gehen und sagen: ›Gott hat uns hierhergeschickt, um zu sagen, daß ihr seine Kinder nicht richtig behandelt. Ihr sollt, das fordern wir von euch, faire Behandlung der Kinder Gottes zum ersten Punkt eurer Tagesordnung machen. Freilich, wenn ihr dazu nicht bereit seid, dann haben wir eine Tagesordnung, der wir folgen müssen. Unsere Ordnung verlangt von uns, euch die wirtschaftliche Unterstützung zu entziehen.‹«

Und dann beschwört King seine Mitbürger und Mitbürgerinnen, trotz Verbot zu demonstrieren: »Jetzt werden wir wieder marschieren … Wir müssen es, um jedem vor Augen zu führen, daß hier 1300 von Gottes Kindern leiden. Manchmal sind sie hungrig, manchmal erleben sie dunkle und traurige Nächte und fragen sich, wie diese Sache ausgehen wird … Und wir müssen unserer Nation sagen: wir wissen, wie sie ausgeht. Denn wenn Menschen ergriffen sind von dem, was recht ist, und wenn sie dafür Opfer zu bringen bereit sind, dann gibt es keinen Halt kurz vor dem Sieg.«

Die Gemeinde bricht in Beifall aus, als der Redner mit großem Pathos ausruft: »Wir meinen es ernst, und wir sind entschlossen, unseren rechtmäßigen Platz in Gottes Welt zu gewinnen ... Wir haben uns nicht in negativem Protest engagiert ... Wir sagen nur, daß wir entschlossen sind, Menschen zu sein. (Wir sind entschlossen, jemand zu sein.) Wir sagen, daß wir Gottes Kinder sind.«

Doch dann geschieht etwas Merkwürdiges. Leiser werdend, fährt King fort: »Ich verließ Atlanta heute früh, und dann landete ich in Memphis. Und einige sprachen von den Drohungen, die im Umlauf waren, und von dem, was mir von einigen unserer kranken weißen Brüder widerfahren könnte.«

Erregung entsteht bei den letzten Worten Kings. »Unsere kranken weißen Brüder?« Sollte man die Gegenseite so großmütig mit einbeziehen? Sie, die offenbar erneut Gewalt gegen den Gewaltfreien im Schilde führt? King aber läßt sich nicht unterbrechen. Er ruft: »Schwierige Tage liegen vor uns, aber das macht mir jetzt wirklich nichts aus. Denn ich bin auf dem Gipfel des Berges gewesen.«

Jeder der Zuhörer weiß, wovon er spricht, daß er das Bild des kämpfenden Mose beschwört, der das Volk Israel aus Ägypten herausführt und dann »auf dem Gipfel des Berges« das Ziel erblickt, das Gelobte Land. Und jeder in der Kirche spürt, daß hier ein Prophet des 20. Jahrhunderts seine Stimme erhebt.

So endete Martin Luther King seine letzte große Vision:

»Wie jeder andere würde ich gern lange leben. Langlebigkeit hat ihren Wert. Aber darum bin ich jetzt nicht besorgt. Ich möchte nur Gottes Willen tun. Er hat mir erlaubt, auf den Berg zu steigen. Und ich habe hinübergesehen. Ich habe das Gelobte Land gesehen. Vielleicht gelange ich nicht dorthin mit euch. Aber ihr sollt heute abend wissen, daß wir, als ein Volk, in das Gelobte Land gelangen werden. Und deshalb bin ich glücklich heute Abend. Ich mache mir keine Sorgen wegen irgend etwas. Ich fürchte niemanden. Meine Augen haben die Herrlichkeit des kommenden Herrn gesehen.«

Einen Tag später, am 4. April 1968, 18.23 Uhr, fällt ein Schuß. In Hals und Nacken getroffen, bricht Dr. King auf dem Balkon des »Lorraine Motel« in Memphis zusammen. Ralf Abernathy und andere Mitarbeiter drücken ein Handtuch auf die Wunde. Sie können ihn nicht mehr retten. Um 19.05 Uhr gibt Paul Hess, der Leiter des St. Joseph Hospitals, den Tod Kings bekannt. Salomon Jones, sein Chauffeur, der neben ihm auf dem Hotelbalkon stand, sagt später: »Er sah so überrascht aus, er fiel ganz langsam um und faßte sich an den Hals.«

Drei Minuten nur befindet sich King auf dem niedrigen Balkon vor seinem Zimmer Nr. 306. »Kennst du Ben?« ruft Jesse Jackson, der Vertraute und spätere Bewerber um das Präsidentenamt der USA. Er ruft von unten, vom Hof her. Gemeint ist Ben Branch, ein Musiker aus Chicago. King bittet ihn, das berühmte »Oh freedom« zu spielen, wenn man später zur Demonstration aufbrechen würde, zusammen mit den Müllarbeitern.

»Wir brauchten nicht nach der Polizei zu rufen«, erklärt Jesse Jackson später, »der ganze Hotelkomplex war ohnehin voll von Polizisten. Als ich mich umdrehe«, fährt der junge Pfarrer bitter fort, »sehe ich von allen Seiten Polizisten auftauchen. ›Woher kam der Schuß?‹ fragen sie. ›Von da, wo ihr herkommt‹, sage ich, ›genau aus der gleichen Ecke, aus der ihr kommt.‹«

Der mutmaßliche Mörder, James Earl Ray, wird in einem Schnellverfahren vom Schwurgericht Memphis, Tennessee, verurteilt. Über seine Hintermänner wird nichts bekannt. Als Ray am 11. Juni 1977 aus dem Staatsgefängnis von Tennessee am helllichten Tag entkommt, äußern ehemalige Mitarbeiter Martin Luther Kings den Verdacht, daß Ray aus dem Zuchthaus herausgelockt worden sei, um den wichtigen Zeugen auf der Flucht vom FBI erschießen zu lassen.

Ray stirbt 30 Jahre später in London. Vergeblich versucht Coretta bis heute, die Wahrheit über den Tod ihres Mannes vom Senat der USA aufklären zu lassen. (Vgl. auch William F. Pepper: Die Hinrichtung des Martin Luther King. Wie die amerikanische Staatsgewalt ihren Gegner zum Schweigen brachte. München 2003)

Nach Kings Ermordung bricht der »Marsch der Armen« zusammen. Ralph Abernathy, Kings offizieller Nachfolger, kann nur noch ein Häufchen von 150 Menschen bewegen, mitzumachen.

King war schon lange vor seiner Ermordung regelrecht gejagt worden. 1975 enthüllte das Geheimdienstkomitee des Amerikanischen Senats, daß das FBI (Federal Bureau of Investigation),

*Der Mord: Martin Luther King ist tödlich getroffen, auf dem Balkon des Lorraine Motel, Memphis (4. April 1968)*

der regierungsamtliche Verfassungsschutz der USA, den schwarzen Führer sechs Jahre lang verfolgt hat. Nach Aussagen ehemaliger FBI-Agenten hatte der frühere FBI-Direktor Edgar Hoover das Ziel verfolgt, King zu beseitigen. Die amerikanische Regierung und viele konservative Organisationen suchten King als »unpatriotisch«, als »kommunistisch«, ja als »Gewaltapostel« zu verteufeln. Versteckte Kameras. FBI-Mitarbeiter mit unbegrenzter Einbruchsermächtigung, Kings Zimmer zu durchsuchen, seine Gespräche zu kontrollieren. 16 geheime Abhöranlagen, installiert in Kings Büro- und Privaträumen, und Tausende von Stunden an Tonbandmaterial gespeichert.

Es ist die alte Hysterie amerikanischer Konservativer, das Böse käme hinterrücks ins Innere des guten Amerika, wenn nur der leiseste Zweifel an der Loyalität eines Bürgers auftaucht. King ist eines der prominentesten Opfer dieses Verfolgungswahns.

Das FBI schreckte vor keiner Gangster-Methode zurück: 34 Tage vor der Entgegennahme des Friedensnobelpreises in Oslo, 1964, erhält Dr. King vom FBI eine Aufforderung zum Selbstmord. Wörtlich: »King, du bist fertig, es gibt nur noch einen Ausweg für dich.« Beigelegt ist der Botschaft eine Tonbandaufnahme aus einem Hotelzimmer, die King öffentlich kompromittieren soll.

Wie die Untersuchung vor dem Senatskomitee ergab, ließ Hoover Berichte seiner Untergebenen umschreiben, wenn sie die Auffassung enthielten, Dr. King sei kein Sicherheitsrisiko für die USA. Aus Angst, ihren Arbeitsplatz zu verlieren, änderten die Mitarbeiter ihre Schriftstücke. Der gleiche Edgar Hoover bat sich am Tage nach der Ermordung Kings aus, die bundeskriminalpolizeiliche Fahndung nach dem Mörder persönlich zu leiten.

## »Hinfort nicht mehr kriegen lernen«
## Gewaltfrei Handeln – wie?

### Rückkehr zur Politik

»Daß jeder Schuh, der in Gedröhn einhergeht, und der Mantel, der in Blut geschleift war, verbrannt wird«, wünscht sich der Prophet Jesaja. Es ist eine der ältesten Versöhnungshoffnungen der

Menschheit. Die Vision, daß die Völker »ihre Schwerter zu Pflugscharen umschmieden und ihre Spieße zu Sicheln machen« und daß sie »hinfort nicht mehr kriegen lernen« (Jesaja 2,4), umreißt einen messianischen Endzustand weltweiter Versöhnung. Durchbrechen des Gewaltzirkels überhaupt ist das Ziel einer Friedenspraxis, die – wie Kings Handeln – bestimmt ist von dieser biblischen Vision. Die Einrechnung von Gewalt als Mittel zur Herstellung dieses Friedensziels widerspräche strikt der Unteilbarkeit jener Versöhnung.

Der Widerspruch von Friedensziel und Gewaltanwendung auf dem Wege dahin ist deshalb von politischen Humanisten wie pazifistischen Christen schon früh kritisiert worden. Den Frieden, das positive Politikziel, während der Phase eines Krieges notfalls auch mit Abschreckungswaffen gegen Menschen sichern? Ein bißchen foltern, um den Feind effektiver zu erledigen? Dagegen haben King und viele andere Demokraten entschieden an der unbedingten Übereinstimmung von Versöhnungsziel und gewaltfreien Mitteln festgehalten. Die von Mahatma Gandhi und Martin Luther King repräsentierten sowie alle folgenden, konsequent friedenspolitisch handelnden Bürgerrechtsbewegungen des 20. Jahrhunderts verstehen die Befreiung sozial Entrechteter und militärisch Bedrohter infolgedessen im umfassenden Sinn

- als Befreiung des Stärkeren, des Unterdrückers, von seinem Zwang, mit militärischer, ökonomischer wie personaler Gewalt allein sich behaupten zu müssen,
- als Befreiung des bedrohten Schwächeren, des Opfers, die Mittel dieser Gewalt sich vom Gegner aufzwingen zu lassen.

## Wieviel Protestdruck?

King übersah bei seiner Kritik gewaltsamer Aktionen keineswegs die psychisch befreiende, den Bann der Ohnmacht brechende Wirkung, wenn Unterdrückte sich zu Notwehr und Gegengewalt entschließen. Wie Frantz Fanon, der algerische Arzt, es schon im Blick auf die Ohnmacht seiner von Frankreich kolonisierten Landsleute formulierte: »Auf der individuellen Ebene wirkt die Gewalt entgiftend. Sie befreit den Kolonisierten von seinem

Minderwertigkeitskomplex, von seinen kontemplativen und verzweifelten Haltungen. Sie macht ihn furchtlos, rehabilitiert ihn in seinen eigenen Augen.« (Vgl. Frantz Fanon: Die Verdammten dieser Erde. Frankfurt a.M. 1966, S. 72)

Auch King sah durchaus in solcher Protestgewalt der Unterdrückten eine Chance emotionaler Katharsis. »Vielleicht hat Fanon in gewisser Hinsicht etwas psychologisch Richtiges gesehen«, räumte er im Frühjahr 1968 ein. (Testament der Hoffnung, S. 32) Um so entschiedener betonte er: »Aber wir haben einen besseren und konstruktiveren Reinigungsprozess in unseren gewaltlosen Demonstrationen gesehen.« Diese Erfahrung setzt King immer wieder auch Malcolm X entgegen, »seinem« Frantz Fanon.

Kings Ablehnung militanter Protestgewalt gegen Menschen war Ausdruck eines intelligenten, vernünftigen Pazifismus und nicht das Ergebnis situationsbedingter Opportunität. Einsehbare Gründe der Vernunft waren es, die er gegen das Fanonsche und das Malcolm-X-Konzept ins Feld führte. Die Ohnmächtigen vor allem durch Haß auf die Unterdrücker mobilisieren? Flucht in den Haß – als eruptive Ablösung von eigener Furcht? Gegen den ethischen Rigorismus dieses Befreiungsmodells gab King zunächst zu bedenken: »Die begrenzte Wirkung der Ausschreitungen liegt, abgesehen von moralischen Erwägungen, darin, daß sie nicht zum Sieg führen können, und das wissen die Teilnehmer. Folglich sind Gettounruhen nicht revolutionär, sondern reaktionär, da sie nur Niederlagen zur Folge haben. Sie bewirken eine emotionale Katharsis, aber danach entsteht ein Gefühl der Zwecklosigkeit. Ziviler Ungehorsam (dagegen), von Massen geübt, hat Aussicht auf Erfolg. Er ist kämpferisch und herausfordernd, aber nicht destruktiv.« (Testament der Hoffnung, S. 49)

## Angstfreiheit kann nur von innen kommen

Natürlich, auch King wollte seine schwarzen Mitbürger vor allem von der tief eingefleischten Furcht vor dem Über-Ich des weißen Mannes befreien. Das aber konnte nur gelingen durch ein neues Selbstvertrauen jedes einzelnen, nicht durch die äußerlich bleibende paramilitärische Power, wie die militanten Black-Power-Leute suggerierten. Angstfreiheit, hielt King entgegen, kann auf

Dauer nur von innen kommen. »Ich entsinne mich«, erzählte er kurz vor seinem Tod, »als unser Mitarbeiterstab nach den Unruhen von 1964 nach Rochester, New York, ging. Als wir die Möglichkeit erörterten, mit der Polizei zu sprechen, hatten diejenigen Angst, ein Gespräch zu führen, die bei den gewalttätigen Auseinandersetzungen am aggressivsten gewesen waren. Sie hatten immer noch Minderwertigkeitsgefühle; und erst als sie durch die Anwesenheit unserer Mitarbeiter ermutigt und ihrer politischen Macht und der Berechtigung ihrer Anliegen und Beschwerden versichert wurden, waren sie in der Lage und willig, mit dem Polizeichef und City-Manager über die Lebensbedingungen zu reden, die zu den Unruhen geführt hatten.« (S. 32)

Kings Option für entschieden gewaltfreies Vorgehen, sich selbst und den anderen gegenüber, war in dreifacher Hinsicht zunächst erstaunlich undoktrinär begründet:

- Strategisch-praktisch: Hinweis auf die geringen Erfolgschancen von Protestgewalt einer Minderheit gegenüber dem Polizei- und Verwaltungsapparat der Mehrheit in den USA, während in Afrika die kolonisierten Schwarzafrikaner ihre weißen Kolonisatoren – Fanons Situation – der Zahl nach schon weit übertrafen (vgl. M. L. King: Wohin führt unser Weg? Frankfurt 1968, S. 52). Es ist konsequent pazifistisch auf der Linie Kings, wenn die schwarzen Christenführer in Südafrika (Bischof Tutu, Alan Boesack) ihre schwarzen Mitbürger gerade nicht zum Aufstand aufforderten, obwohl sie in der absoluten Mehrheit waren.
- Psychologisch: Die rauschhafte Randale (Katharsis) einer punktuellen Rebellion gegen Unrecht gerät entweder in unkontrollierbaren Haß oder hinterläßt ein Gefühl der Sinnlosigkeit. Die Aufbegehrenden überwinden durch Gegengewalt ihre Furcht jedenfalls nicht.
- Sozialpädagogisch: Der Haß der Gegengewalt muß »die Ängste der weißen Mehrheit verstärken und sie weniger beschämt wegen ihrer Vorurteile gegen die Neger machen«. Der Gewalt von Unterdrückern und von Angreifern läßt sich infolgedessen wirksam, d.h. mit der Aussicht auf deren Lernfähigkeit, nur in gewaltloser Opposition begegnen: »Wenn der

> Unterdrücker ... sieht, daß der Neger sich weigert zurückzuschlagen, dann wird ihm, wie es Unterdrückern immer geht, die eigene Unmenschlichkeit zum Ekel werden.« (Vgl. M. L. King: Stride Toward Freedom. New York 1958, S. 193)

Die Überzeugung, daß politische Gegner, die argumentativ nicht ansprechbar sind, durch den Anblick kalkulierter Wehrlosigkeit emotional dazu bewegt werden, ihre Einstellung zu ändern, hatte King von Gandhi übernommen. Der Anblick freiwilligen Leidens ruft – so Kings Spekulation – zwar nicht automatisch eine Verhaltensänderung des politischen Gegners hervor, erzeugt aber Scham bei ihm und das Bewußtsein einer peinlichen Kluft zwischen dem eigenen positiven Selbstbild und dem eigenen gewaltfähigen Verhalten. (Heinrich Grosse: Die Macht der Armen. Hamburg 1971, S. 77 ff.) Dieser Spekulation Kings mißtraute Malcolm X am meisten.

### Leiden als Widerstand

Wie aber erringt er diese Selbstachtung? Indem er freiwillig die unverdiente Gewalt des Oppressors aushält. King sah, daß »bewußtes Erleiden ohne zu vergelten dem Niedergedrückten das Gefühl der Solidarität, Selbstvertrauen und die Überwindung der eigenen Furcht möglich machen. Eben darauf, auf die Wiederherstellung dieser kommunikativen Fähigkeit (power), bei mir und dem anderen, kommt es an in der gewaltfreien Reaktion. Ein überaus riskantes Konzept. Aber für King die einzige Chance, die uralte Grundannahme, um bei allen Gewalthandlungen zu bestehen, müsse man »präventiv« zuschlagen, um Schlimmeres zu verhindern.

Stets hat der Stärkere sich zuerst als Opfer des fremden Anderen erklärt, bevor er über ihn herfiel. Hitler zum Beispiel behauptete zuerst einen polnischen Angriff auf den volksdeutschen Sender Gleiwitz, um dann am 1. September 1939 scheinheilig zu erklären: »Seit 5 Uhr 45 wird jetzt zurückgeschossen. Und von jetzt an wird Bombe mit Bombe vergolten!« Die Koalitionspartner George W. Bush und Tony Blair mußten im Frühjahr 2003 – wie unter Zwang – erst einmal die militärisch total impotente irakische Armee als monströse Bedrohung der westlichen Zivilisation hinstellen, bevor sie in das Zweistromland einfielen. Ob bewußt gelogen oder irrational verblendet, immer kommt es zum gleichen Gewalt-Entschuldigungs-Zusammenhang. Denn niemals tut man so gründlich das Böse, wie wenn man es mit gutem Gewissen tut (Blaise Pascal).

Das revolutionär Neue im Kings Strategie ist demgegenüber, daß er aus der tatsächlichen oder befürchteten Gewaltbereitschaft des politischen Gegners gerade nicht die »objektive Notwendigkeit« seiner gewaltsamen Gegenaktionen ableitet. Der Andere – so klug – muß nicht automatisch, nicht zwanghaft zuschlagen. Im Gegenteil: Das bewußte Erleiden fremder Gewalt dient als eine aktive »pädagogische« Einladung, den politischen Gegner zu seiner ihm innewohnenden Menschlichkeit zurückzubringen.

Handeln ohne Gewalt – wie Martin Luther King es unternahm – wäre demnach eine neue Form der Konflikttherapie, das genaue Gegenteil jener barbarischen Ritualisierung von Konflikten, wonach ausgekämpft werden muß bis zum bitteren Ende, wo Böses nur mit Bösem vergolten werden darf, Waffengewalt mit Waffengewalt. Gewaltfreiheit bedeutet – die unmittelbare Folge – also gerade »nicht einfach Widerstandslosigkeit gegenüber dem Bösen«, sondern »Widerstand ohne Gewalt«. »Es gibt eine moralische Verpflichtung, ungerechten Gesetzen den Gehorsam zu verweigern«, schrieb King aus dem Gefängnis in Birmingham, wobei – so wörtlich – »militant, massive non-violent actions«, also kämpferische Widerstandshandlungen bis zu massivem Wirtschaftsboykott gemeint sind. (Vgl. dazu Johannes Degen: Das Problem der Gewalt. Politische Strukturen und theologische Reflexion. Hamburg 1970, S. 69f.)

### Wirtschaftsboykott – eine diakonische Teufelsaustreibung

Das Methodenarsenal dieses dezidiert konfliktorientierten Pazifismus wurde seit den Anfängen der Bürgerrechtsbewegung von King und seinen Mitarbeitern differenziert weiterentwickelt. Der amerikanische Friedensforscher Gene Sharp belegt nicht weniger als 198 verschiedene Schritte gewaltfreier Intervention. (Vgl.

Gene Sharp: The Politics of Nonviolent Action. Bd. I–III, Boston 1973)

In Chicago wurden weiße Ladenketten solange massiv boykottiert, bis sie die Preise für Milch, Gemüse und Kleidung auf den Normalpreis für Weiße senken. In meiner Nachbarschaft beobachtete ich, wie schwarze Kirchengemeinden die ausbeuterischen Firmen so heftig boykottieren, daß sie Konkurs anmelden mußten. Jesse Jackson leitete in Chicago diese von ihm so genannte »Operation Breadbasket«.

Wirtschaftsboykott wurde als strategisches Mittel schon zu Beginn der Bürgerrechtsbewegung in Montgomery (1956) angewandt. Der Verlust der rassistischen Geschäftsleute in der Innenstadt wurde nach drei Monaten Boykott auf ca. 1 Million Dollar beziffert. Aber – und das ist entscheidend – Druck dieser Art darf nie persönlich körperlich verletzen. Dem Gegner als Person soll kein Schaden zugefügt werden, wohl aber seinen Geschäften, sofern sie andere um ihr Recht bringen.

Protestdruck dieser Art kann den ungerechten Oppressor von den Instrumenten seiner Gewaltausübung befreien. Das wäre, im Verständnis Kings, eine praktische Form des Exorzismus, eine diakonische Teufelsaustreibung, die Sünde als gemeinschaftsschädigendes Verhalten trifft, nicht aber den Sünder als Person. Im Gegenteil, nur so wird dieser in seiner Würde, als lern- und erneuerungsfähige Person, radikal ernst genommen.

Bürgerprotest dieser Art, der den Gegner nicht nur als Opfer eines Systems sieht, sondern ihn als selbstverantwortlichen Akteur beansprucht, ist nur möglich aus einer Position der Angstfreiheit. »Hier liegt«, notiert Carl Friedrich von Weizsäcker, »die tiefe psychologische Wahrheit der Gewaltlosigkeit. ... Gandhi ... hat seelische Gewalt ausgeübt, neben der viele physische Gewalt, die andere Leute ausüben, sich sehr geringfügig ausnimmt; aber ... er hatte ein Prinzip, das er immer wieder versucht hat, seinen Anhängern klarzumachen – nicht immer mit Erfolg –: Daß ich meinen Gegner lieben muß; daß es unmöglich ist, gewaltlos zu handeln, wenn man es aus einem anderen Motiv tut, als weil man den Gegner liebt. Daß man ihn zugleich scharf mißbilligt, ist etwas anderes, denn wenn ich den anderen mißbillige, weil ich weiß, daß er etwas tut, was seiner nicht würdig ist, so kann das in einer Haltung der Nächstenliebe geschehen. Wenn dieses glückt, dann glückt auch die Haltung der Gewaltlosigkeit.« (Carl Friedrich Frh. v. Weizsäcker: Bedrohungsvorstellungen als Faktor der internationalen Politik – Eine Einführung. In: Jahrbuch für Friedens- und Konfliktforschung, Düsseldorf 1971, S. 28)

Die Stimme Kings ist verstummt. Aber was sie bewirkte, ist deutlich. Das Friedensengagement Dr. Kings hat den Inhabern politischer Macht in den Vereinigten Staaten zum ersten Mal ein Problem eigener Art aufgezwungen. Daß Macht durch Macht beschränkt wird, im Parlament, durch die Opposition, in der Praxis demokratischer Gewaltenteilung, daran sind die Männer der Macht gewöhnt. Daß aber Macht durch machtlose Wahrheit beschränkt werden kann, das ist eine Herausforderung und eine Irritation für sie. Eine parteipolitische Opposition, die im System staatlicher Macht begegnete, wie seinerzeit etwa die Senator Fulbrights, konnte von der Regierung Johnson nach den Spielregeln des politischen Machtkampfs behandelt werden. Ein Engagierter wie King, der im Namen der Wahrheit sprach, mußte jedoch den Inhabern staatlicher Macht fremd, ja bedrohlich erscheinen. Fremd, weil er gar keine Macht der üblichen Art erringen wollte. Bedrohlich, weil er aus einem Bereich von Wahrheit sprach, der nicht abhängig war von der politischen Macht, ja immun gegen sie.

Läßt sich die Methode gewaltfreien Konfliktaustragens auf nicht-demokratische Verhältnisse übertragen? Kann die gewaltfreie Begegnung zweier Konfliktparteien nur gelingen, wenn beide Seiten sich dem gleichen politisch-moralischen Wertsystem verpflichtet haben? Selbst dann, wenn nur nominell noch ein solcher Rückbezug auf einen gemeinsamen Grundkonsens existiert, ist eine Kooperation in der Konfrontation ja noch möglich. Allerdings kann die gewaltfreie Lösungsmethode kleiner wie großer Konflikte von vornherein gar nicht umhin, bei allen Menschen gemeinsame Ängste und Knechtungen ebenso vorauszusetzen wie das elementare Verlangen nach einem Leben ohne Gewalt und Tränen und – die Hauptsache – eben auch die Fähigkeit zur großherzigen Versöhnung. Einerseits bleibt also die gewaltfreie

Ritualisierung respektive sozialpädagogische Lösung von Konflikten gebunden an bestimmte demokratisch-kulturelle Gesamtbedingungen. Andererseits sehen wir heute, daß andere Alternativen zum herrschenden Unwesen gewaltförmigen Konfliktaustragens nicht in Sicht sind.

## Und wo ist King heute?<br>Das andere Amerika – wo?

Martin Luther Kings Stimme ist tot. Wurde auch sein Traum zerfetzt? Anders als bei den Black-Power- und 20.-Juli-Märtyrern, hat in den Jahren seit dem gewaltsamen Tod des Pfarrers die Zahl derjenigen, die seinem Beispiel folgten, in vielen Ländern überraschend zugenommen.

Auch in den USA?

Mit verzweifeltem Ernst versucht gegenwärtig das andere Amerika und was davon noch übrig ist, das machtbesessene, das menschenverachtende Amerika zum Völkerrecht zurückzuholen. Der 11. September 2001 brachte alle Amerikaner zu einem parteiübergreifenden regressiv nationalistischen Patriotismus zusammen. Wir wissen nicht, ob das weltoffene, menschenrechtliche Amerika, das Amerika des Verfassungs-Patriotismus noch einmal eine politische Chance gewinnen kann.

Der Rassismus der King-Zeit ist gebrochen. Offene, militante Feindschaft zwischen Weißen und Afroamerikanern ist in den Vereinigten Staaten selten geworden, flammt aber immer wieder auf. 1991 brannten ganze Straßenzeilen in Los Angeles. 58 Menschen kamen ums Leben. Vier weiße Polizisten hatten am 3. März 1991 den afroamerikanischen Busfahrer Rodney King blutig geschlagen, obwohl er schon wehrlos am Boden lag. Freispruch. Am 27. Februar 1993 begann der zweite Prozess gegen die weißen Gewalttäter. Am 5. August 1993 erhielten sie Strafen, die weit unterhalb der oberen Grenze von 10 Jahren Haft für solche Menschen-Mißhandlungen liegen. Bundesrichter Davis begründete sein Urteil damit, das schwarze Opfer habe Widerstand geleistet, als es zusammengeschlagen wurde, hätte sich also seine Mißhandlung selber zuzuschreiben. Der Verteidiger hielt einen Polizei-

*Coretta King: trauernd, getröstet*

*Das Grab Martin Luther Kings in Atlanta, Georgia, das zu einer Pilgerstätte geworden ist*

stiefel hoch und sagte: »Es ist sehr dünnes Leder ... fast wie ein Ballettschuh.«

Am 17. Mai 1954 hatte der Supreme Court in Washington entschieden, daß die Rassentrennung in Schulen verfassungswidrig sei. Heute, nach über 50 Jahren, zeigt sich: Die Macht der Gerichte langt nicht aus, einen so tiefgehenden inneren Wandel wie die Anerkennung der Anderen herbeizuführen.

Die Zahl der Afroamerikaner mit High-School-Abschluß hat sich seit 1954 vervierfacht, die Zahl jener im Alter von 25 bis 29 Jahren mit College-Abschluß hat sich sogar versechsfacht. Die Bildungsunterschiede aber sind, aufs ganze Land hochgerechnet, noch immer erschreckend hoch. Staatliche Tests zeigen, daß afroamerikanische Schüler mit Erreichen der 12. Klasse im Durchschnitt vier Jahre hinter weißen oder asiatischen Schülern zurückliegen. Und die Bildungsschere zwischen den Rassen öffnet sich immer weiter, hauptsächlich weil Schulen in Armenvierteln und in sozialen Brennpunkten erheblich weniger Geld für die neuen ehrgeizigen Leistungsanforderungen bekommen als Elite-Schulen (vgl. Frankfurter Allgemeine Zeitung vom 17.5.2004, S. 40).

Die strukturelle Armut im amerikanischen System stellt sich erneut heraus als das große, alles bestimmende Hindernis demokratischer Gleichheit (vgl. Hans-Eckehard Bahr: Erbarmen mit Amerika, S. 106).

Die Aufhebung der Rassentrennung in der Bildung vermochte nicht, die ökonomische Ungleichheit zu beseitigen. »Die Rassenfrage ist in den USA untrennbar mit der Klassenfrage verwoben«, schreibt die Tageszeitung vom 2. Juni 2004 (S. 16). Unter den Präsidenten Reagan und Bush jun. wurden die Reichen noch reicher, die Armen Amerikas noch mittelloser. Die Afroamerikaner – noch immer die Hauptleidtragenden der neuen Zweidrittelgesellschaft drüben? King hatte recht, als er am Schluß die Armut als die Hauptbedrohung der Menschheit erkannte, nicht irgendeinen Terrorismus.

Und Kings Politik gewaltfreier Lösung schwerer Konflikte? Wo wird dieses Erbe heute angetreten? Am wenigsten offenbar in den USA, das nach wie vor Angriffskriege vom Zaun bricht. Aber in Petersburg, in Warschau und Prag ließen sich die Menschen nicht dazu hinreißen, das feindliche Gegenüber, die Parteifunktionäre, zu lynchen. Nur in Bukarest gab es Rache-Exzesse. Aber noch als die Panzer der Putschisten am 19. August 1991 durch Moskau rollten, inszenierten die Bürger ihren Widerstand ohne jede Gewalt. Ein innenpolitisches Wunder der Gewaltvermeidung, die konstruktive Wende in einem Volk, das wenig Freiheitstradition hat. King hätte seine Praxis dort wieder gefunden. Nicht im Tschetschenienkrieg Putins natürlich, da nicht.

Auch im Deutschland von 1989 war ein unblutiger Sturz der Macht möglich. Die Fähigkeit der Bürger in Dresden, Leipzig, von den Überlebensängsten ihrer Unterdrücker auszugehen, auch ihnen eine neue Lebenschance einzuräumen, ist Geist vom Geist der Bürgerrechtsbewegung Martin Luther Kings. Dieser einzigartige Widerstand der Bürger, nicht die NATO-Bomben, haben zur überraschend gewaltfreien Überwindung der östlichen Staatsdiktaturen in Europa geführt.

Einer der vielen Bewunderer Martin Luther Kings und seiner konsequenten Politik der Rassen-Integration ist Nelson Mandela. Und in Südafrika hat Mandela gesiegt, nicht die Apartheid, nicht die Sprache der Waffen. Ohne Rachementalität operierte dort die Wahrheitskommission. Das andere Amerika Kings – auch hier ist es zum Tragen gekommen. (Vgl. viele weitere Beispiele in Hans-Eckehard Bahr: Erbarmen mit Amerika, S. 84 ff.)

Anders Südosteuropa: Hunderte von Regionalkonflikten von ethnischen und ideologischen Gegensätzen, 45 Jahre lang überlagert vom West-Ost-Zwist der Supermächte, erzwingen sich seit 1999 ihr Flußbett, vervielfachen sich reißend, werden unfaßbar in albanischen Schluchten, auf Bergpfaden um Sarajevo. Mit Flächenbombardements – das Golf-Beispiel – ist da langfristig nichts zu beenden. NATO-Bomben können – bestenfalls als strikt polizeiliche Maßnahme – das Morden der serbischen oder albanischen Nationalisten stoppen. Was würde Martin Luther King dazu sagen? Eine jahrzehntelange Therapie im politisch Zivilen würde er in Gang bringen; Interessenausgleich der Religionen, der Vielvölkerschaften, reale Machtaufteilung. Und nicht zuletzt das entschlossene Durchsetzen dieser Maßnahmen, eben das, was zu wenig geschieht. King würde sicher an Ort und

Stelle arbeiten, kein persönliches Risiko scheuen. Ein Beispiel geben.

Ich denke: Kings Vision einer einzigen Welt-Gesellschaft mit vielen verschiedenen Kulturen ist hochaktuell. Eine riskante Vision aber, die einzig weiterführende, angesichts der Aufteilung der Völkergesellschaft in Gut und Böse.

Aber dieser Traum von der Versöhnung der Verfeindeten erzeugt im ersten Moment gerade nicht Friedfertigkeit, sondern Haß. Einen Haß, der die Friedensstifter umbringt.

»Seht, da kommt der Träumer. Wohlan, wir wollen ihn töten«, sagen die Brüder auf dem Weg nach Ägypten, aufgebracht über Josephs politische Visionen. (1. Mose 37,19f.) »Behold, this dreamer cometh … let us slay him …« wählten Coretta King, Jesse Jackson und Ralph Abernathy 1968 für Kings Gedenktafel in Atlanta aus.

Daß die Völker ihre Schwerter zu Pflugscharen umschmieden und ihre Spieße zu Sicheln machen, und daß sie »hinfort nicht mehr kriegen lernen« (Jesaja 2,4), das bleibt trotzdem eine realisierbare Friedenshoffnung der Menschheit.

Was mich fasziniert: Jesus, Gandhi, Romero, Martin Luther King – der Tod dieser Friedensstifter zerstörte nicht ihren Traum. Im Gegenteil. Auf ihren Karfreitag kam ein Ostern, kamen die großen Friedensbewegungen der 80er Jahre und die gewaltfreie Beseitigung der Diktaturen in Osteuropa, erst jetzt, vor wenigen Jahren. Die Gewaltfreiheit ist schon Jahrhunderte alt, seit den Propheten des Alten Testaments. Und zugleich müssen wir doch sagen: Sie steckt noch in den Kinderschuhen. Besser – sie ist noch ganz jung. Sie allein aber vermag die Menschheit dazu zu führen, daß sie erwachsen wird.

Als der russische Dichter Jewgeni Jewtuschenko die Nachricht vom Mord an Martin Luther King erhielt, schrieb er spontan: »Er war ein großer Schwarzer, aber weiß wie Schnee. Er wurde getötet von Weißen mit schwarzen Seelen. Als ich's erfuhr, traf mich die gleiche Kugel. Ihn tötete die Kugel, doch mich gebar sie neu, gebar mich als einen Schwarzen.«

# King in Berlin – heute

Am 14. September 1964 ist Martin Luther King mit Ralph Abernathy, einer lang verabredeten Einladung folgend, zu Besuch in Westberlin. Sie werden vom Regierenden Bürgermeister Willy Brandt festlich in der Neuen Philharmonie empfangen. In der Berliner Waldbühne ruft Martin den 25 000 Hörern zu: »Es ist der Glaube, der uns befähigt hat, dem Tod ins Auge zu sehen. Es ist der Glaube, der uns einen Weg gezeigt hat, wo es keinen Weg zu geben schien. Es ist der Glaube, ein lebendiger, aktiver, starker, öffentlicher Glaube, der den Sieg Jesu Christi über die Welt bringt, ganz gleich, ob es eine westliche oder östliche Welt ist. ... Mit diesem Glauben werden wir fähig sein, miteinander zu arbeiten, miteinander zu beten, miteinander für die Freiheit einzustehen, weil wir wissen, daß wir eines Tages frei sein werden.«

Tags darauf sind King und Ralph Abernathy die Gäste des Generalsekretärs der CDU und Stellvertretenden Vorsitzenden des Staatsrates der DDR, Gerald Götting, in Ostberlin. Götting begrüßt Martin Luther King mit den Worten: »Wir verehren in Ihnen einen der großen Kämpfer gegen die historisch überlebte menschenunwürdige Rassendiskriminierung.« In der Ostberliner Marienkirche singt der Chor »Let my people go«. Die schwarzen Besucher verabschieden sich, bewegt.

Was würde Martin Luther King uns Deutschen zurufen, käme er heute wieder nach Berlin? Ich sehe ihn lächeln: »Ach, ihr Deutschen – seid doch nicht so angstvoll, die Völker haben sich doch mit euch versöhnt. Die Russen, die Polen, nicht nur die Franzosen. Und ihr – habt ihr nicht eure eigenen SED-Machthaber 1989 abgesetzt, ohne daß die Spree sich rot färbte? Die Leipziger Montagsgebete, die Proteste in Dresden, in Ostberlin, sind sie nicht vollkommen unblutig verlaufen? Das ist eure Bürgerrechtsbewegung. Ich finde meine Praxis da wieder. Und euer Nein gegen die Irakkriege 1991 und 2003, das ist doch vom Geist meiner Friedensversuche, als Vietnam noch das Angriffsziel war.

Ach, ihr Deutschen, ihr werdet doch eure Dämonen von heute auch bändigen, ohne Gewalt anzuwenden. Aber paßt auf. Reißt die Kluft zwischen Reichen und Armen in einem vereinten

Deutschland nicht noch weiter auf. Gelten nicht alle Artikel eures Grundgesetzes noch immer? Sozial-Verpflichtung des Eigentums, Paragraph 14,2. Haben das eure Herren in den Führungsetagen vergessen? An uns in den Vereinigten Staaten könntet ihr ablesen, wohin eine Politik führt, die von Geld, Macht und Waffen besessen ist. Die wachsende Armut in unseren Städten. Paßt auf, daß nicht der gleiche Zynismus eure Seelen besetzt.«

»Die wollen uns ja bis aufs Hemd ausziehen. Wir sind heute die Neger«, ruft ein junger Berliner King zu. »Träumen? Das zahlt sich nicht mehr aus.« Ich sehe, wie King einen Zettel aus seiner Tasche zieht, ihn dem Jungen rüberreicht und noch einmal vors Mikro tritt: »Ihr habt doch gerade einen interessanten großen Deutschen gefeiert, diesen Dichter Johann Gottfried Herder, diesen protestantischen Superintendenten von Weimar. Heute morgen hat mir ein Berliner Freund von diesem Herder eine sehr schöne Notiz vorgelesen.« Und dann läßt King den deutschen Freund aus Ostberlin vorlesen, was Herder notiert hat:

»Ohne Begeisterung geschah nichts Großes und Gutes auf der Erde. Die man für Schwärmer hielt, haben dem menschlichen Geschlecht die nützlichsten Dienste geleistet. Trotz Spott, trotz jeder Verfolgung und Verachtung drangen sie durch, und wenn sie nicht zum Ziele kamen, so kamen sie doch weiter und brachten weiter.«

*Dr. Martin Luther King erhält von Prof. Dr. Martin Fischer die Ehrendoktorwürde der Kirchlichen Hochschule Berlin (1964)*

# III. Testament der Hoffnung

*Martin Luther Kings letzte Reden*

## Ich habe einen Traum

*Ansprache im Rahmen des »Marsches nach Washington«, gehalten am 28. August 1963 vor dem Lincoln Memorial in Washington, D. C.*

Ich freue mich, heute mit euch zusammen an einem Ereignis teilzunehmen, das als die größte Demonstration für die Freiheit in die Geschichte unserer Nation eingehen wird. Vor hundert Jahren unterzeichnete ein großer Amerikaner, in dessen symbolischem Schatten wir heute stehen, die Emanzipationsproklamation. Dieser bedeutsame Erlaß war ein großes Leuchtfeuer der Hoffnung für Millionen von Negersklaven, die von den Flammen vernichtender Ungerechtigkeit gebrandmarkt waren. Er kam wie ein freudiger Tagesanbruch nach der langen Nacht ihrer Gefangenschaft. Aber hundert Jahre später ist der Neger immer noch nicht frei. Hundert Jahre später ist das Leben des Negers immer noch verkrüppelt durch die Fesseln der Rassentrennung und die Ketten der Diskriminierung. Hundert Jahre später lebt der Neger auf einer einsamen Insel der Armut inmitten eines riesigen Ozeans materiellen Reichtums. Hundert Jahre später schmachtet der Neger immer noch am Rande der amerikanischen Gesellschaft und befindet sich im eigenen Land im Exil. Deshalb sind wir heute hierher gekommen, um eine schändliche Situation zu dramatisieren.

In gewissem Sinne sind wir in die Hauptstadt unseres Landes gekommen, um einen Scheck einzulösen. Als die Architekten unserer Republik die großartigen Worte der Verfassung und der Unabhängigkeitserklärung schrieben, unterzeichneten sie einen Schuldschein, zu dessen Einlösung alle Amerikaner berechtigt sein sollten. Dieser Schein enthielt das Versprechen, daß allen Menschen – ja, schwarzen Menschen ebenso wie weißen – die unveräußerlichen Rechte auf Leben, Freiheit und den Anspruch auf Glück garantiert würden. Es ist heute offenbar, daß Amerika seinen Verbindlichkeiten nicht nachgekommen ist, soweit es die schwarzen Bürger betrifft. Statt seine heiligen Verpflichtungen zu erfüllen, hat Amerika den Negern einen Scheck gegeben, der mit dem Vermerk zurückgekommen ist: »Keine Deckung vorhanden.«

Aber wir weigern uns zu glauben, daß die Bank der Gerechtigkeit bankrott ist. Wir weigern uns zu glauben, daß es nicht genügend Gelder in den großen Stahlkammern der Gelegenheiten in diesem Land gibt.

So sind wir gekommen, diesen Scheck einzulösen, einen Scheck, der uns auf Verlangen die Reichtümer der Freiheit und die Sicherheit der Gerechtigkeit geben wird.

Wir sind auch zu dieser würdigen Stätte gekommen, um Amerika an die grimmige Notwendigkeit des Jetzt zu erinnern. Jetzt ist nicht die Zeit, wo man sich den Luxus einer »Abkühlungsperiode« leisten oder die Beruhigungsmittel langsamen, schrittweisen Fortschritts einnehmen kann. Jetzt ist es Zeit, die Versprechungen der Demokratie Wirklichkeit werden zu lassen. Jetzt ist es Zeit, aus dem dunklen und trostlosen Tal der Rassentrennung aufzubrechen und den hellen Weg der Gerechtigkeit für alle Rassen zu beschreiten. Jetzt ist es Zeit, unsere Nation aus dem Flugsand rassischer Ungerechtigkeit zu dem festen Felsen der Brüderlichkeit emporzuheben. Jetzt ist es Zeit, Gerechtigkeit für alle Kinder Gottes Wirklichkeit werden zu lassen. Es wäre verhängnisvoll für diese Nation, wenn sie nicht die Dringlichkeit der gegenwärtigen Lage wahrnehmen würde. Dieser heiße Sommer der berechtigten Unzufriedenheit des Negers wird nicht zu Ende gehen, solange nicht ein belebender Herbst der Freiheit und Gerechtigkeit begonnen hat. 1963 ist kein Ende, sondern ein Anfang. Wer hofft, der Neger werde jetzt zufrieden sein, nachdem er Dampf abgelassen hat, wird ein böses Erwachen haben, wenn die Nation wieder weitermacht wie vorher.

Es wird weder Ruhe noch Rast in Amerika geben, bis dem Neger die vollen Bürgerrechte zugebilligt werden. Die Stürme des Aufruhrs werden weiterhin die Grundfesten unserer Nation erschüttern, bis der helle Tag der Gerechtigkeit anbricht. Und das muß ich meinem Volk sagen, das an der abgenutzten Schwelle der Tür steht, die in den Palast der Gerechtigkeit führt: Während wir versuchen, unseren rechtmäßigen Platz zu gewinnen, dürfen wir uns keiner unrechten Handlung schuldig machen. Laßt uns nicht aus dem Kelch der Bitterkeit und des Hasses trinken, um unseren Durst nach Freiheit zu stillen.

Wir müssen unseren Kampf stets auf der hohen Ebene der Würde und Disziplin führen. Wir dürfen unseren schöpferischen Protest nicht zu physischer Gewalt herabsinken lassen. Immer wieder müssen wir uns zu jener majestätischen Höhe erheben, auf der wir physischer Gewalt mit der Kraft der Seele entgegentreten. Der wunderbare, neue kämpferische Geist, der die Gemeinschaft der Neger erfaßt hat, darf uns nicht verleiten, allen Weißen zu mißtrauen. Denn viele unserer weißen Brüder – das beweist ihre Anwesenheit heute – sind zu der Einsicht gekommen, daß ihre Zukunft mit der unseren untrennbar verbunden ist. Sie sind zu der Einsicht gekommen, daß ihre Freiheit von unserer Freiheit nicht zu lösen ist. Wir können nicht allein marschieren. Und wenn wir marschieren, müssen wir uns verpflichten, stets weiter zu marschieren. Wir können nicht umkehren.

Es gibt Leute, die fragen diejenigen, die sich der Sache der Bürgerrechte verpflichtet fühlen: »Wann werdet ihr endlich zufriedengestellt sein?« Wir können niemals zufriedengestellt sein, solange der Neger das Opfer der unaussprechlichen Schrecken polizeilicher Brutalität ist. Wir können nicht zufriedengestellt sein, solange unsere müden Leiber nach langer Reise in den Motels an den Landstraßen und den Hotels der großen Städte keine Unterkunft finden. Wir können nicht zufriedengestellt sein, solange die Bewegungsfreiheit der Neger in erster Linie darin besteht, von einem kleinen Getto in ein größeres zu geraten. Wir können nicht zufriedengestellt sein, solange unsere Kinder noch ihrer Freiheit und Würde beraubt werden durch Zeichen, auf denen es heißt: »Nur für Weiße«. Wir können nicht zufriedengestellt sein, solange der Neger in Mississippi nicht das Stimmrecht hat und der Neger in New York niemand hat, den er wirklich wählen möchte. Nein, wir sind nicht zufriedengestellt, und wir werden nicht zufriedengestellt sein, bis das Recht strömt wie Wasser und die Gerechtigkeit wie ein mächtiger Strom.

Ich weiß wohl, daß manche unter euch hierher gekommen sind aus großer Bedrängnis und Trübsal. Einige von euch sind direkt aus engen Gefängniszellen gekommen. Einige von euch sind aus Gegenden gekommen, wo ihr aufgrund eures Verlangens nach Freiheit mitgenommen und erschüttert wurdet von den Stürmen der Verfolgung und polizeilicher Brutalität.

Ihr seid die Veteranen schöpferischen Leidens. Macht weiter und vertraut darauf, daß unverdientes Leiden erlösende Qualität hat. Geht zurück nach Mississippi, geht zurück nach Georgia, geht zurück nach Louisiana, geht zurück in die Slums und Gettos der Großstädte im Norden in dem Wissen, daß die jetzige Situation geändert werden kann und wird. Laßt uns nicht Gefallen finden am Tal der Verzweiflung.

Heute sage ich euch, meine Freunde, trotz der Schwierigkeiten von heute und morgen habe ich einen Traum. Es ist ein Traum, der tief verwurzelt ist im amerikanischen Traum. Ich habe einen Traum, daß eines Tages diese Nation sich erheben wird und der wahren Bedeutung ihres Credos gemäß leben wird: »Wir halten diese Wahrheit für selbstverständlich: daß alle Menschen gleich erschaffen sind.« Ich habe einen Traum, daß eines Tages auf den roten Hügeln von Georgia die Söhne früherer Sklaven und die Söhne früherer Sklavenhalter miteinander am Tisch der Brüderlichkeit sitzen können. Ich habe einen Traum, daß sich eines Tages selbst der Staat Mississippi, ein Staat, der in der Hitze der Ungerechtigkeit und Unterdrückung verschmachtet, in eine Oase der Freiheit und Gerechtigkeit verwandelt.

Ich habe einen Traum, daß meine vier kleinen Kinder eines Tages in einer Nation leben werden, in der man sie nicht nach ihrer Hautfarbe, sondern nach ihrem Charakter beurteilen wird. Ich habe einen Traum ... Ich habe einen Traum, daß eines Tages in Alabama, mit seinen bösartigen Rassisten, mit einem Gouverneur, von dessen Lippen Worte wie »Intervention« und »Annullierung der Rassenintegration« triefen ..., daß eines Tages genau dort in Alabama kleine schwarze Jungen und Mädchen die Hände schütteln mit kleinen weißen Jungen und Mädchen als Brüder und Schwestern.

Ich habe heute einen Traum ... Ich habe einen Traum, daß eines Tages jedes Tal erhöht und jeder Hügel und Berg erniedrigt wird. Die rauhen Orte werden geglättet und die unebenen Orte begradigt werden.

Und die Herrlichkeit des Herrn wird offenbar werden, und alles Fleisch wird es sehen. Das ist unsere Hoffnung. Mit diesem Glauben kehre ich in den Süden zurück. Mit diesem Glauben werde ich fähig sein, aus dem Berg der Verzweiflung einen Stein der Hoffnung zu hauen. Mit diesem Glauben werden wir fähig sein, die

*Martin Luther King (Bildmitte) am 28. August 1963 mit Teilnehmern des »Marsches auf Washington« unter dem Motto »Für Arbeit und Freiheit«, der zum Höhepunkt der Bürgerrechtsbewegung wurde. Der Marsch führte vom Washington-Denkmal zum Lincoln-Memorial in Washington D. C.*

schrillen Mißklänge in unserer Nation in eine wunderbare Symphonie der Brüderlichkeit zu verwandeln. Mit diesem Glauben werden wir fähig sein, zusammen zu arbeiten, zusammen zu beten, zusammen zu kämpfen, zusammen ins Gefängnis zu gehen, zusammen für die Freiheit aufzustehen, in dem Wissen, daß wir eines Tages frei sein werden.

Das wird der Tag sein, an dem alle Kinder Gottes diesem Lied eine neue Bedeutung geben können: »Mein Land, von dir, du Land der Freiheit, singe ich. Land, wo meine Väter starben, Stolz der Pilger, von allen Bergen laßt die Freiheit erschallen.« Soll Amerika eine große Nation werden, dann muß dies wahr werden. So laßt die Freiheit erschallen von den gewaltigen Gipfeln New Hampshires. Laßt die Freiheit erschallen von den mächtigen Bergen New Yorks, laßt die Freiheit erschallen von den hohen Alleghenies in Pennsylvania. Laßt die Freiheit erschallen von den schneebedeckten Rocky Mountains in Colorado. Laßt die Freiheit erschallen von den geschwungenen Hängen Kaliforniens.

Aber nicht nur das, laßt die Freiheit erschallen von Georgias Stone Mountain. Laßt die Freiheit erschallen von Tennessees Lookout Mountain. Laßt die Freiheit erschallen von jedem Hügel und Maulwurfshügel Mississippis, von jeder Erhebung. Laßt die Freiheit erschallen!

Wenn wir die Freiheit erschallen lassen – wenn wir sie erschallen lassen von jeder Stadt und jedem Weiler, von jedem Staat und jeder Großstadt, dann werden wir den Tag beschleunigen können, an dem alle Kinder Gottes – schwarze und weiße Menschen, Juden und Heiden, Protestanten und Katholiken – sich die Hände reichen und die Worte des alten Negrospiritual singen können: »Endlich frei! Endlich frei! Großer, allmächtiger Gott, wir sind endlich frei!«

## We shall overcome

*Rede anläßlich der Entgegennahme des Friedensnobelpreises am 10. Dezember 1964 in Oslo.*

Eure Majestät, Eure Königliche Hoheit, Herr Präsident, Exzellenzen, meine Damen und Herren!

Ich nehme den Friedensnobelpreis zu einem Zeitpunkt entgegen, an dem 22 Millionen Neger in den USA in einen schöpferischen Kampf verwickelt sind, um die lange Nacht rassischer Ungerechtigkeit zu beenden. Ich nehme diesen Preis im Namen einer Bürgerrechtsbewegung entgegen, die entschlossen und mit großartiger Verachtung von Risiko und Gefahr aufgebrochen ist, ein Reich der Freiheit und eine Herrschaft der Gerechtigkeit aufzurichten.

Ich bin mir bewußt, daß erst gestern in Birmingham in Alabama der Ruf unserer Kinder nach brüderlicher Gemeinschaft mit Wasserwerfern und knurrenden Hunden, ja sogar mit dem Tod beantwortet wurde. Ich bin mir bewußt, daß erst gestern in Philadelphia in Mississippi junge Leute, die das Stimmrecht erlangen wollten, brutal mißhandelt und ermordet wurden. Ich bin mir bewußt, daß schwächende und quälende Armut mein Volk plagt und es an der niedrigsten Stufe der wirtschaftlichen Leiter festkettet.

Deshalb muß ich die Frage stellen, warum dieser Preis einer Bewegung verliehen wird, die belagert ist und sich einem unnachgiebigen Kampf verpflichtet hat, einer Bewegung, die noch nicht den wahren Frieden und die brüderliche Gemeinschaft gewonnen hat, die den Sinn des Nobelpreises ausmachen.

Wenn ich genauer darüber nachdenke, komme ich zu dem Schluß, daß dieser Preis, den ich im Namen jener Bewegung empfangen habe, nachdrücklich anerkennt, daß Gewaltlosigkeit die Antwort auf die entscheidende politische und moralische Frage unserer Zeit ist – die Notwendigkeit, daß der Mensch Unterdrückung und Gewalt überwindet, ohne zu Gewalt und Unterdrückung Zuflucht zu nehmen.

Zivilisation und Gewalt sind gegensätzliche Begriffe. Neger in den USA haben – dem indischen Volk nachfolgend – bewiesen, daß Gewaltlosigkeit nicht sterile Passivität bedeutet, sondern eine machtvolle moralische Kraft darstellt, die zu gesellschaftlichen Veränderungen führt. Früher oder später müssen alle Menschen der Welt einen Weg finden, in Frieden zusammenzuleben, um dadurch dieses über uns schwebende kosmische Klagelied in einen schöpferischen Psalm der Brüderlichkeit zu verwandeln.

Wenn das erreicht werden soll, muß der Mensch für alle menschlichen Konflikte eine Methode entwickeln, die Rache, Aggression und Vergeltung vermeidet. Die Grundlage einer solchen Methode ist die Liebe.

Der gewundene Weg, der von Montgomery in Alabama nach Oslo führte, bezeugt diese Wahrheit. Dies ist der Weg, auf dem Millionen Neger sich bewegen, um ein neues Gefühl der Würde zu finden. Derselbe Weg hat für alle Amerikaner eine neue Ära des Fortschritts und der Hoffnung eröffnet. Er hat zu einer neuen Bürgerrechtsgesetzgebung geführt, und er wird nach meiner Überzeugung verbreitert und verlängert werden zu einer Schnellstraße der Gerechtigkeit, indem Neger und Weiße in zunehmender Zahl Bündnisse eingehen, um ihre gemeinsamen Probleme zu bewältigen.

Ich nehme heute diese Auszeichnung entgegen mit einem festen Glauben an Amerika und einem kühnen Glauben an die Zukunft der Menschheit. Ich weigere mich zu glauben, daß der »Ist-Zustand« der gegenwärtigen Natur des Menschen ihn moralisch unfähig macht, sich nach dem ewigen »Soll-Zustand« auszustrecken, mit dem er immer wieder konfrontiert ist.

Ich weigere mich zu glauben, der Mensch sei lediglich treibendes Wrack- und Strandgut im Strom des Lebens, der ihn umgibt. Ich weigere mich, die Ansicht zu übernehmen, die Menschheit sei so tragisch der sternenlosen Mitternacht des Rassismus und des Krieges verhaftet, daß der helle Tagesanbruch des Friedens und der Brüderlichkeit nie Wirklichkeit werden könne.

Ich weigere mich, die zynische Meinung zu übernehmen, eine Nation nach der anderen müsse eine militaristische Stufenleiter hinabsteigen bis in die Hölle thermonuklearer Vernichtung. Ich glaube, daß unbewaffnete Wahrheit und bedingungslose Liebe das letzte Wort in der Wirklichkeit haben werden. Das ist der Grund, warum Recht, auch wenn es vorübergehend unterliegt, stärker ist als triumphierendes Böses.

Ich glaube, daß es inmitten der heulenden Geschosse und Granatenexplosionen unserer Tage Hoffnung gibt für ein helleres Morgen. Ich glaube, daß verwundete Gerechtigkeit, die auf den bluttriefenden Straßen unserer Nation hingestreckt ist, aus dem Staub der Schande emporgehoben werden kann, um über alle Menschenkinder zu herrschen.

Ich besitze die Kühnheit zu glauben, daß Völker allerorten täglich drei Mahlzeiten für ihren Körper, Erziehung und Kultur für ihren Verstand und Würde, Gleichheit und Freiheit für ihren Geist haben können. Ich glaube, daß auf den anderen ausgerichtete Menschen wiederaufbauen können, was auf sich selbst ausgerichtete Menschen zerstört haben. Ich glaube immer noch, daß die Menschheit sich eines Tages vor Gottes Altären beugen wird und mit dem Triumph über Krieg und Blutvergießen gekrönt werden wird und gewaltloser, erlösender guter Wille seine Herrschaft über das Land ausrufen wird. »Und der Löwe und das Lamm werden einträchtig beieinander lagern. Und ein jeder wird unter seinem Weinstock und Feigenbaum wohnen, und niemand wird sie schrecken.« Ich glaube immer noch, daß wir [Rassismus, Gewalt und Ungerechtigkeit] überwinden werden (we shall overcome).

Dieser Glaube kann uns den Mut verleihen, den Unsicherheiten der Zukunft ins Angesicht zu sehen. Er wird unseren müden Füßen neue Kraft geben, wenn wir weiter auf die Stadt der Freiheit zuschreiten. Wenn unsere Tage durch tiefhängende Wolken traurig und unsere Nächte dunkler als tausend Mitternächte werden, dann wissen wir, daß wir in dem schöpferischen Aufruhr leben, in dem eine echte Kultur unter Kämpfen geboren wird.

Heute komme ich nach Oslo als ein Treuhänder, begeistert und mit neuer Hingabe an die Sache der Menschlichkeit. Ich nehme diesen Preis entgegen im Namen aller Menschen, die Frieden und Brüderlichkeit lieben. Ich sage, ich komme als ein Treuhänder, denn in der Tiefe meines Herzens bin ich mir bewußt, daß diese Auszeichnung viel mehr ist als eine Ehrung für mich persönlich.

Jedes Mal, wenn ich fliege, denke ich an die vielen Menschen, die eine glückliche Reise ermöglichen: die Piloten, die man kennt, und das Bodenpersonal, das man nicht kennt.

So ehren Sie die hingebungsvollen Piloten unseres Kampfes, die im Leitwerk saßen, als sich die Freiheitsbewegung in ihre Bahn erhob. Sie ehren noch einmal Häuptling Luthuli aus Südafrika, dessen Kampf mit seinem Volk und für sein Volk immer noch mit den brutalsten Formen der Unmenschlichkeit des Menschen gegen den Menschen beantwortet wird.

Sie ehren das Bodenpersonal, ohne dessen Anstrengungen und Opfer die Flugzeuge der Freiheit nie hätten vom Boden abheben können.

Die meisten dieser Menschen werden nie Schlagzeilen machen, und ihre Namen werden nicht im »Who's Who« erscheinen. Aber wenn die Jahre vergangen sind und das leuchtende Licht der Wahrheit auf dieses wunderbare Zeitalter fällt, in dem wir leben, werden Männer und Frauen wissen und Kinder gelehrt werden, daß wir ein schöneres Land, ein besseres Volk und eine edlere Kultur haben, weil diese demütigen Kinder Gottes bereit waren, um der Rechtschaffenheit willen zu leiden.

Ich glaube, Alfred Nobel wüßte, was ich meine, wenn ich sage: Ich nehme diesen Preis entgegen im Geist eines Verwalters eines kostbaren Erbes, das er verwahrt für seine wahren Besitzer, für alle, denen Schönheit Wahrheit ist und Wahrheit Schönheit und in deren Augen die Schönheit wahrer Brüderlichkeit und wahren Friedens kostbarer ist als Diamanten oder Silber oder Gold.

## Sprechen für die, die keine Stimme haben

*Auszüge aus Kings Ansprache in der Riverside Church in New York City am 4. April 1967.*

Ich bin heute abend in diese wunderschöne Kirche gekommen, weil mein Gewissen mir keine andere Wahl läßt. Ich bin zu Ihnen in diese Versammlung gekommen, weil ich mich in tiefster Übereinstimmung mit den Zielen und der Arbeit der Organisation »Geistliche und Laien in Sorge um Vietnam« weiß, die uns hier zusammengebracht hat. Die vor kurzem veröffentlichte Erklärung Ihres Leitungsausschusses gibt die Empfindungen meines eigenen Herzens wieder, und ich konnte voll und ganz zustimmen, als ich die Worte las, mit denen die Erklärung beginnt: »Es kann eine Zeit kommen, in der Schweigen Verrat bedeutet. Diese Zeit ist für uns mit der Vietnam-Frage gekommen.« (...)

Einige von uns, die schon begonnen haben, das Schweigen der Nacht zu durchbrechen, mußten feststellen, daß die Verpflichtung zum Sprechen oft sehr qualvoll ist – doch sprechen müssen wir. Wir müssen sprechen in all der Demut, die unserer begrenzten Erkenntnis entspricht, aber wir müssen sprechen. Und wir müssen zugleich darüber froh sein, denn sicherlich geschieht es jetzt zum erstenmal in der Geschichte unserer Nation, daß eine beachtliche Anzahl ihrer religiösen Führer sich entschlossen haben, die Sprache eines sanften Patriotismus zu überwinden und ihren ernsten Einspruch zu formulieren, der sich auf die Gebote des Gewissens und die Erkenntnis der Geschichte gründet.

Während der letzten zwei Jahre, in denen ich versucht habe, den Verrat meines eigenen Schweigens zu durchbrechen und von dem zu sprechen, was in meinem Herzen brennt, indem ich zu einer radikalen Abkehr von der Zerstörung Vietnams aufrief, haben mich viele Menschen gefragt, ob mein Weg wohl weise sei. Hinter ihren Bedenken zeichnete sich oft unüberhörbar und gewichtig die Frage ab: Warum sprechen gerade Sie, Dr. King, über den Krieg? Warum gesellen gerade Sie sich zu den Stimmen der Opposition? Die Frage des Friedens und die Frage der Bürgerrechte sind verschiedene Dinge, sagen diese Leute. Sie fragen: Schaden Sie nicht Ihrer eigenen Sache? Und wenn ich sie so reden höre, verstehe ich oft genug den Anlaß ihrer Sorge, werde dann aber doch traurig, denn solche Fragen zeigen, daß die Fragesteller mich und meine Verpflichtung gar nicht wirklich kennen. Ja, ihre Fragen zeigen, daß sie die Welt, in der sie leben, noch gar nicht erkannt haben. (...)

Ich bin mir völlig klar darüber, daß der Friedensnobelpreis die Verpflichtung bedeutet, mehr als je zuvor für die »Brüderlichkeit unter den Menschen« zu arbeiten. Diese Berufung führt mich weit über nationale Bindungen hinaus. Aber selbst wenn sie nicht vorhanden wäre, müßte ich doch in der Wahrnehmung des Dienstes Jesu Christi genau dasselbe tun. Für mich ist dieser Dienst so eng mit der Arbeit für den Frieden verknüpft, daß ich mich immer wieder über diejenigen wundere, die mich fragen, warum ich meine Stimme gegen den Krieg erhebe. Sollten sie denn wirklich nicht wissen, daß die Frohe Botschaft allen Menschen gilt – Kommunisten und Kapitalisten, ihren und unseren Kindern, Schwarzen wie Weißen, den Revolutionären wie den Konservativen? Haben sie vergessen, daß mein Dienst im Gehorsam gegen den zu geschehen hat, der seine Feinde so sehr liebte, daß er für sie starb? Was soll ich denn als gläubiger Diener dieses Einen dem Vietkong, was soll ich Castro oder Mao sagen? Darf ich sie mit dem Tode bedrohen, oder muß ich nicht mit ihnen zusammen leben lernen?

Schließlich wäre bei dem Versuch, für sie und für mich selbst den Weg von Montgomery bis in diese Kirche aufzuzeigen, das Entscheidende damit gesagt, daß ich meiner Glaubensüberzeugung treu bleiben muß, mit allen Menschen zu den Kindern des lebendigen Gottes zu gehören. Diese Berufung zur Kindschaft und zur Brüderlichkeit geht über die Zugehörigkeit zu einer Rasse, einer Nation oder einer Glaubensgemeinschaft hinaus. Und weil ich glaube, daß dem Vater besonders die Leidenden, Hilflosen und Verachteten unter seinen Kindern am Herzen liegen, komme ich heute abend hierher, um für sie zu sprechen. Ich glaube, daß dies das Privileg und die Bürde derer ist, die sich durch Treueverpflichtungen gebunden wissen, welche umfassender und tiefer sind als der Nationalismus, und die jenseits der egoistischen Ziele und Interessen unserer Nation stehen. Es ist unsere Aufgabe, für die Schwachen zu sprechen, für die, die keine Stimme haben, für die Opfer unserer Nation, für die, die sie Feinde nennt, denn keine von Menschen angefertigte Erklärung kann diese zu weniger machen als zu unseren Brüdern. (...)

Ich bin davon überzeugt, daß unser Volk eine radikale Revolution der Werte vornehmen muß, wenn es sich auf die richtige Seite der Weltrevolution stellen will. Wir müssen schnell damit anfangen, von einer »sachorientierten« Gesellschaft zu einer »personorientierten« Gesellschaft zu kommen. Wenn Maschinen und Computer, Profitbestrebungen und Eigentumsrechte für wichtiger gehalten werden als die Menschen, dann wird die schreckliche Allianz von Rassenwahn, Materialismus und Militarismus nicht mehr besiegt werden können.

Eine echte Revolution der Werte wird uns bald dazu bringen, daß wir die Redlichkeit und Berechtigung mancher unserer vergangenen und gegenwärtigen politischen Maßnahmen in Frage stellen. Gewiß ist es unsere Verpflichtung, die Rolle des barmherzigen Samariters für alle diejenigen zu übernehmen, die am Wege liegen geblieben sind. Aber das ist nur ein Anfang. Eines Tages müssen wir begreifen, daß die ganze Straße nach Jericho geändert werden muß, damit nicht fortwährend Männer und Frauen geschlagen und ausgeraubt werden, während sie sich auf ihrer Lebensreise befinden. Wahre Solidarität ist mehr als die Münze, die man dem Bettler hinwirft; sie ist nicht so zufällig und gedankenlos. Sie kommt zu der Einsicht, daß ein Haus, das Bettler hervorbringt, umgebaut werden muß. Eine echte Revolution der Werte wird den schreienden Gegensatz von Armut und Reichtum sehr bald mit großer Unruhe betrachten. Sie wird nach Übersee blicken und mit gerechter

Empörung darauf hinweisen, daß einzelne Kapitalisten des Westens riesige Geldbeträge in Asien, Afrika und Lateinamerika investieren, nur um zu verdienen und ohne Interesse an sozialen Fortschritten in jenen Ländern, und sie wird ausrufen: »Das ist ungerecht.« Eine Revolution der Werte wird unser Bündnis mit den Großgrundbesitzern in Lateinamerika durchschauen und feststellen: »Das ist ungerecht.« Ungerecht ist auch die westliche Überheblichkeit, die meint, daß sie den anderen alles beibringen kann und von ihnen nichts zu lernen hat. Eine wirkliche Revolution der Werte wird den Status quo selbst beseitigen und vom Kriege sagen: »Dieser Weg zur Lösung von Spannungen ist nicht recht.« Diese Art von Beschäftigung, menschliche Wesen mit Napalm zu verbrennen, die Häuser unserer Nation mit Waisen und Witwen zu füllen, giftigen Haß in die Adern von Menschen zu spritzen, die normalerweise sich ganz menschlich verhalten, Männer von finsteren und blutigen Schlachtfeldern, körperlich verkrüppelt und seelisch aus dem Gleichgewicht gebracht, nach Hause zu senden, diese Beschäftigung kann nie und nimmer mit Weisheit, Gerechtigkeit und Liebe in Einklang gebracht werden. Ein Volk, das Jahr für Jahr mehr Geld für militärische Verteidigung als für Sozialprogramme ausgibt, gerät in der Nähe des geistlichen Todes (...)

Wir leben in einer revolutionären Zeit. Auf der ganzen Erde erheben sich die Menschen gegen die alten Systeme der Ausbeutung und Unterdrückung, und aus dem Schoß einer gebrechlichen Welt erwachsen neue Systeme der Gerechtigkeit und der Gleichheit. Die barfüßigen und hemdlosen Bauernmassen der Dritten Welt erheben sich, wie sie es nie zuvor getan haben. »Das Volk, das in der Finsternis sitzt, sieht ein großes Licht.« Wir im Westen müssen diese Revolutionen unterstützen. Es ist eine traurige Tatsache, daß die westlichen Nationen, die den revolutionären Geist der modernen Welt recht eigentlich begründeten, aus Bequemlichkeit, Gleichgültigkeit, krankhafter Angst vor dem Kommunismus und der Neigung, Ungerechtigkeiten als unvermeidlich hinzunehmen, nun zu Erz-Antirevolutionären geworden sind. Aus dieser Entwicklung schließen viele, daß nur der Marxismus revolutionären Geist hat. Der Kommunismus ist deshalb ein Gericht über unser Versagen, eine wirkliche Demokratie zu schaffen und die revolutionäre Entwicklung voranzutreiben, die wir begründeten. Unsere einzige Hoffnung besteht heute darin, daß wir von diesem revolutionären Geist wieder ergriffen werden und in eine oft feindselige Welt hinausgehen, um der Armut, dem Rassismus und dem Militarismus den Kampf anzusagen.

Wenn wir uns auf diese Weise engagieren, können wir kühn den Status quo und die falsche Moral, auf der er beruht, in Frage stellen und dadurch die Ankunft des Tages beschleunigen, an dem »jedes Tal erhöht und jeder Hügel und Berg erniedrigt, das Gekrümmte zur Ebene und die Höhen zum Talgrund werden«.

Eine echte Revolution der Werte meint in letzter Konsequenz, daß unsere Treueverpflichtungen weltweit werden müssen, nicht regional beschränkt bleiben dürfen. Jede Nation muß jetzt eine sich über alle Schranken hinwegsetzende Verpflichtung gegenüber der Menschheit als Ganzem entwickeln, um die optimalen Möglichkeiten in ihrem eigenen Bereich bewahren zu können. Dieser Ruf zu einer weltweiten Gemeinschaft, der die Sorge für den Nachbarn über die Rassen-, Klassen- und Nationalzugehörigkeit hinaushebt, ist in Wirklichkeit der Ruf nach einer allumfassenden und bedingungslosen Liebe für alle Menschen. Dieser so oft mißverstandene und falsch ausgelegte Gedanke, von den Nietzsches überall in der Welt schnell als eine schwächliche und feige Sache abgetan, ist jetzt zur unerläßlichen Bedingung für das Überleben der Menschheit geworden. Denn wenn ich von Liebe spreche, so spreche ich nicht von einer sentimentalen und schwachen Gefühlserwiderung. Ich spreche von jener Kraft, die alle großen Religionen als das alle Trennungen überwindende Grundprinzip des Lebens angesehen haben. Man kann sagen, daß Liebe der Schlüssel ist, der die Tür zur letzten Wirklichkeit aufschließt. Dieser von Hindus, Moslems, Christen, Juden und Buddhisten geteilte Glaube an eine letzte Einheit der Wirklichkeit hat im ersten Johannesbrief seinen klassischen Ausdruck gefunden: »Geliebte, lasset uns einander lieben, denn die Liebe ist aus Gott, und jeder, der liebt, ist aus Gott gezeugt und erkennt Gott. Wer nicht liebt, hat Gott nicht erkannt, denn Gott ist Liebe … Wenn wir einander lieben, bleibt Gott in uns, und seine Liebe ist in uns vollendet.« Laßt uns hoffen, daß dieser Geist unsere Tage ordnet. Es ist einfach unmöglich, daß wir noch länger den Gott des Hasses anbeten und uns vor dem Altar der

Vergeltung verbeugen. Das Meer der Geschichte wird durch die beständig steigenden Fluten des Hasses aufgewühlt. Die Geschichte ist angefüllt mit dem Scheitern jener Nationen und jener Einzelnen, die diesen selbstzerstörerischen Weg des Hasses einschlugen.

## Friede auf Erden

*Weihnachten 1967 – in einer Zeit, als er sich unerschrocken gegen den Vietnamkrieg äußerte – hielt King diese Predigt in der Ebenezer Baptist Church in Atlanta.*

Diese Weihnachtszeit findet uns als ziemlich ratloses Menschengeschlecht. Wir haben weder Frieden in uns noch Frieden um uns. Überall quälen lähmende Ängste die Menschen bei Tag und verfolgen sie bei Nacht. Unsere Welt ist krank an Krieg. Wohin wir uns immer wenden, sehen wir seine verhängnisvollen Möglichkeiten. Und doch, meine Freunde, kann die Weihnachtshoffnung auf Frieden und guten Willen unter allen Menschen nicht länger als eine Art frommer Traum einiger Schwärmer abgetan werden. Wenn wir in dieser Welt nicht guten Willens gegen die Menschen sind, werden wir uns durch den Mißbrauch unserer eigenen Werkzeuge und unserer eigenen Macht selbst vernichten. Klugheit aus Erfahrung sollte uns sagen, daß der Krieg etwas Überholtes ist. Es mag Zeiten gegeben haben, da der Krieg als ein negatives Gutes diente, indem er die Ausbreitung und das Wachstum einer bösen Macht verhinderte, aber die äußerst zerstörende Gewalt moderner Waffen schließt an sich schon die Möglichkeit aus, daß der Krieg heute noch als negatives Gutes dienen könnte. Wenn wir also voraussetzen, daß das Leben lebenswert ist, wenn wir voraussetzen, daß die Menschheit ein Recht darauf hat zu überleben, dann müssen wir eine Alternative zum Krieg finden – so laßt uns denn an diesem Morgen die Bedingungen für den Frieden erforschen. Laßt uns an diesem Morgen aufs neue über die Bedeutung jener Weihnachtshoffnung nachdenken: »Friede auf Erden den Menschen, die guten Willens sind.« Und wenn wir diese Bedingungen erforschen, möchte ich vorschlagen, daß die modernen Menschen wirklich alle hingehen und die Bedeutung der Gewaltlosigkeit, ihrer Philosophie und ihrer Strategie studieren.

Wir haben die Bedeutung der Gewaltlosigkeit in unserem Kampf um Rassengerechtigkeit in den Vereinigten Staaten erprobt, nun aber ist für die Menschen die Zeit gekommen, die Gewaltlosigkeit in allen Bereichen menschlicher Konflikte zu erproben, und das bedeutet Gewaltlosigkeit auf internationaler Ebene.

Zuerst möchte ich einmal sagen, daß unsere Zusammengehörigkeitsgefühle, wenn wir Frieden auf Erden haben wollen, mehr ökumenisch als partikularistisch werden sollten. Sie müssen über unsere Rasse, unsere Sippe, unsere soziale Schicht und unsere Nation hinausdringen, und das bedeutet, daß wir eine Weltperspektive entwickeln müssen. Kein Einzelner kann allein leben; kein Land kann allein leben, und je länger wir es versuchen, desto mehr werden wir in dieser Welt Krieg haben. Jetzt ist das Gericht Gottes über uns, und wir müssen entweder lernen, als Brüder miteinander zu leben, oder wir werden alle zusammen als Narren zugrunde gehen.

Ja, als Nationen wie als Einzelne hängen wir voneinander ab. Ich habe euch schon früher von unserem Besuch in Indien vor einigen Jahren erzählt. Es war ein großartiges Erlebnis, aber heute morgen will ich euch sagen, daß es dabei niederdrückende Momente gab. Wie kann jemand nicht niedergedrückt sein, wenn er mit eigenen Augen die Beweise dafür sieht, daß Millionen von Menschen hungrig schlafen gehen? Wie kann jemand nicht niedergedrückt sein, wenn er mit eigenen Augen Tausende von Menschen nachts auf den Gehsteigen schlafen sieht? Mehr als eine Million Menschen schläft jede Nacht auf den Gehsteigen von Bombay; mehr als eine halbe Million schläft jede Nacht auf den Gehsteigen von Kalkutta. Sie haben keine Häuser, in die sie gehen könnten. Sie haben keine Betten, in denen sie schlafen könnten. Als ich diese Verhältnisse sah, schrie etwas in mir: Können wir in Amerika untätig danebenstehen und nicht davon betroffen sein? Und es kam eine Antwort: »O nein!« Und ich begann darüber nachzudenken, daß wir gerade hier in unserem Land jeden Tag Millionen von Dollars ausgeben, um überschüssige Nahrungsmittel zu lagern; und ich sagte mir: »Ich weiß, wo wir diese Nahrungsmittel gebührenfrei lagern können – in den eingeschrumpften Mägen der Millionen von Kindern Gottes in Asien, Afrika, Lateinamerika und selbst in unserem eigenen Land.«

Es läuft wirklich auf das hinaus: daß alles Leben miteinander in Wechselbeziehung steht. Wir sind alle in einem unentrinnbaren Netz der Gegenseitigkeit gefangen, in eine einzige Hülle des Schicksals gebunden. Was immer einen direkt betrifft, betrifft indirekt alle. Wir sind dafür geschaffen, zusammenzuleben, das liegt an der ineinandergreifenden Struktur der Wirklichkeit. Hast du dir je darüber Gedanken gemacht, daß du des Morgens nicht zur Arbeit gehen kannst, ohne vom größten Teil der Welt abhängig zu sein? Du stehst morgens auf und gehst ins Badezimmer und greifst nach dem Schwamm, und er wird dir von einem Inselbewohner aus dem Pazifik gereicht. Du greifst nach einem Stück Seife, und du empfängst sie aus den Händen eines Franzosen. Und dann gehst du in die Küche, um deinen Morgenkaffee zu trinken, und den schenkt dir ein Südamerikaner ein. Und vielleicht willst du Tee: den schenkt dir ein Chinese ein. Oder vielleicht hast du gern Kakao zum Frühstück, und den schenkt dir ein Westafrikaner ein. Und dann streckst du die Hand nach deinem Toast aus – und der kommt aus den Händen eines Englisch sprechenden Farmers, vom Bäcker nicht zu reden. Und ehe du am Morgen dein Frühstück fertig gegessen hast, bist du schon von mehr als der halben Welt abhängig gewesen. So ist unser Universum gefügt, das ist sein auf Wechselbeziehungen beruhendes Wesen. Wir werden keinen Frieden auf Erden haben, ehe wir nicht diese gegenseitige Abhängigkeit allen Seins begreifen.

Zum Zweiten laßt mich nun sagen, daß, wenn wir Frieden in der Welt haben sollen, Menschen und Völker gewaltlos dazu stehen müssen, daß Zwecke und Mittel übereinzustimmen haben. Eine der großen philosophischen Debatten der Geschichte ging um die ganze Frage von Zwecken und Mitteln. Und schon immer gab es Leute, die behaupteten, der Zweck heilige die Mittel, die Mittel seien wirklich nicht wichtig. Wichtig ist, zum Ziel zu gelangen, nicht wahr?

Wenn ihr also eine gerechte Gesellschaft zu entwickeln sucht, sagen sie, dann ist die Hauptsache, daß ihr das erreicht, und die Mittel sind gänzlich unwichtig; jedes Mittel ist recht, wenn es euch nur ans Ziel bringt – es können gewalttätige, es können unwahre Mittel sein; es dürfen sogar unrechte Mittel zu einem gerechten Zweck sein. Leute, die das behaupteten, gab es durch die ganze

Geschichte hindurch. Aber wir werden niemals Frieden in der Welt haben, bevor die Menschen überall anerkennen, daß Mittel und Zwecke nicht voneinander zu trennen sind; denn die Mittel verkörpern das Ideal im Werden, das Ziel im Entstehen, und schließlich kann man gute Zwecke nicht durch böse Mittel erreichen, weil die Mittel den Samen und der Zweck den Baum darstellen.

Es ist sehr merkwürdig, daß alle großen militärischen Genies der Welt vom Frieden gesprochen haben. Die Eroberer der alten Zeit, die mordend hinter dem Frieden herjagten, Alexander, Julius Cäsar, Karl der Große und Napoleon, waren sich alle darin gleich, daß sie eine friedliche Weltordnung suchten. Wenn ihr »Mein Kampf« genau genug lest, werdet ihr entdecken, daß Hitler behauptete, alles, was er in Deutschland tat, sei für den Frieden gewesen. Und die Führer der heutigen Welt sprechen redselig vom Frieden. Jedes Mal, wenn wir unsere Bomben in Nordvietnam fallen lassen, spricht Präsident Johnson redselig vom Frieden. Worum geht es? Sie sprechen vom Frieden als einem fernen Ziel, einem Zweck, dem wir nachjagen, aber eines Tages werden wir einsehen müssen, daß der Frieden nicht bloß ein fernes Ziel ist, das wir suchen, sondern daß er ein Mittel ist, durch das wir zu jenem Ziel gelangen. Wir müssen friedliche Zwecke mit friedlichen Mitteln verfolgen. All das wird heißen, daß Mittel und Zwecke übereinstimmen müssen, weil das Ziel in den Mitteln bereits vor-vorhanden ist, und destruktive Mittel können keine konstruktiven Ziele herbeiführen.

Und nun laßt euch sagen, daß das nächste, um das wir uns bemühen müssen, wenn wir Frieden auf Erden für alle Menschen guten Willens haben wollen, die gewaltlose Übereinkunft über die Heiligkeit allen menschlichen Lebens ist. Jeder Mensch ist jemand, denn er ist ein Kind Gottes. Und wenn wir sagen: »Du sollst nicht töten«, sagen wir damit wirklich, daß das Menschenleben zu heilig ist, als daß es einem auf den Schlachtfeldern der Welt genommen werden dürfte. Der Mensch ist mehr als eine winzige Laune wirbelnder Elektronen oder ein Rauchfetzen von einem grenzenlosen schwelenden Feuer. Der Mensch ist ein Kind Gottes, nach seinem Bild erschaffen, und muß daher als solches geachtet werden. Bevor die Menschen überall das nicht einsehen, bevor die Völker überall das nicht einsehen, werden wir Kriege austragen.

Eines Tages sollte uns jemand daran erinnern, daß, obwohl es politische und ideologische Unterschiede zwischen uns geben mag, die Vietnamesen unsere Brüder sind, die Russen unsere Brüder sind, die Chinesen unsere Brüder sind; und eines Tages müssen wir uns gemeinsam an den Tisch der Brüderlichkeit setzen. Aber in Christus gibt es weder Juden noch Heiden. In Christus gibt es weder Männer noch Frauen. In Christus gibt es weder Kommunisten noch Kapitalisten. In Christus gibt es weder irgendwie Gebundene noch Freie. Wir sind alle eins in Jesus Christus. Und wenn wir wahrhaft an die Heiligkeit der menschlichen Persönlichkeit glauben, dann werden wir keine Menschen ausbeuten, dann werden wir keine Menschen mit den eisernen Tritten der Unterdrückung zertrampeln, dann werden wir niemanden töten.

Es gibt im griechischen Neuen Testament drei Wörter für ›Liebe‹; das eine ist das Wort *eros. Eros* ist eine Art ästhetischer, romantischer Liebe. Plato redete in seinen Gesprächen viel davon, von der Sehnsucht der Seele nach dem Reich des Göttlichen. Und es ist etwas Schönes um *eros,* kann es immer sein, auch in seinen romanhaften Äußerungen. Einige der schönsten Liebesgeschichten der Welt handeln davon.

Dann spricht die griechische Sprache von *philia,* was ein weiteres Wort für Liebe ist, und *philia* ist eine Art intimer Liebe zwischen befreundeten Menschen. Das ist die Art von Liebe, die man für Menschen empfindet, mit denen man gut auskommt; und die, welche man auf dieser Ebene liebt, liebt man, weil man wiedergeliebt wird.

Dann hat die griechische Sprache noch ein Wort für Liebe, und das ist das Wort *agape. Agape* ist mehr als romantische Liebe, es ist mehr als Freundschaft. *Agape* ist verstehendes, schöpferisches, erlösendes Wohlwollen gegenüber allen Menschen. *Agape* ist überströmende Liebe, die nichts für sich selber will. Theologen würden sagen, es sei die Liebe Gottes, die im Menschenherzen wirke. Wenn man sich zur Liebe auf dieser Ebene erhebt, dann liebt man alle Menschen, nicht weil man sie gern hat, nicht weil ihre Art einem gefällt, sondern man liebt sie, weil Gott sie liebt. Das ist es, was Jesus meinte, als er sagte: »Liebet eure Feinde.« Und ich bin glücklich, daß er nicht sagte: »Habt eure Feinde gern«, denn es gibt einige Leute, die gern zu haben mir recht schwerfiele. Gern haben ist eine herzliche Gefühlsregung, und ich kann einen nicht gern haben, der mein Heim bombardiert. Ich kann einen nicht gern haben, der mich ausbeutet. Ich kann einen nicht gern haben, der mich mit Ungerechtigkeit zertrampelt. Ich kann sie nicht gern haben. Ich kann einen nicht gern haben, der mich tagein, tagaus umzubringen droht. Aber Jesus erinnert uns daran, daß Liebe mehr ist als Gernhaben. Liebe ist verstehendes, schöpferisches, erlösendes Wohlwollen gegenüber allen Menschen. Und ich glaube, an diesem Punkt stehen wir als Volk in unserem Kampf um Rassengerechtigkeit. Wir können niemals aufgeben. Wir müssen leidenschaftlich und unnachgiebig für die staatsbürgerliche Vollberechtigung arbeiten. Wir dürfen nie in unserer Entschlossenheit nachlassen, jeden Überrest von Rassentrennung und Diskriminierung in unserem Land zu beseitigen, aber wir sollen während des ganzen Vorgangs nie auf unser Vorrecht zu lieben verzichten.

Ich habe zuviel Haß gesehen, als daß ich selber hassen möchte, und ich habe Haß in den Gesichtern zu vieler Sheriffs, zu vieler weißer Stadträte und zu vieler Ku-Klux-Klan-Leute im Süden gesehen, als daß ich selber hassen möchte; und jedes Mal, wenn ich ihn sehe, sage ich mir, Haß ist eine zu große Last, als daß man sie tragen könnte. Irgendwie müssen wir imstande sein, vor unsere erbittertsten Gegner hinzutreten und zu sagen: »Wir werden eure Fähigkeit, uns Leid zuzufügen, durch unsere Fähigkeit, Leid zu ertragen, wettmachen. Wir werden eurer physischen Kraft mit Seelenkraft begegnen. Tut uns an, was ihr wollt, wir wollen euch trotzdem lieben. Wir können nicht mit gutem Gewissen euren ungerechten Gesetzen gehorchen und dem ungerechten System treu bleiben, denn Nichtzusammenarbeit mit dem Bösen ist genauso eine moralische Pflicht wie Zusammenarbeit mit dem Guten, also werft uns ins Gefängnis, und wir wollen euch trotzdem lieben. Bombardiert unsere Häuser und bedroht unsere Kinder, und wir wollen euch, so schwer es auch ist, trotzdem lieben. Schickt eure vermummten Gewaltverbrecher zu mitternächtlicher Stunde in unsere Gemeinden, schleppt uns hinaus in eine abgelegene Straße und laßt uns halb totgeschlagen liegen, und wir wollen euch trotzdem lieben. Schickt eure Propagandaagenten im Land herum und erweckt den Anschein, als wären wir kulturell und auch sonst nicht tauglich für die Integration, und wir wollen euch trotzdem lieben.

Aber seid versichert, daß wir euch durch unsere Leidensfähigkeit aufreiben werden, und eines Tages werden wir unsere Freiheit erobern. Wir werden sie nicht nur für uns selbst erobern, wir werden so sehr an euer Herz und Gewissen appellieren, daß wir euch in dem Prozeß gewinnen, und unser Sieg wird ein doppelter Sieg sein.«

Wenn Friede auf Erden sein soll, müssen wir an die grundlegende Moral des Alls glauben und daran, daß alles Sein von moralischen Grundlagen abhängt. Etwas muß uns das in Erinnerung rufen, wenn wir wiederum in der Weihnachtszeit stehen und gleichzeitig an die Osterzeit denken, da beides irgendwie Hand in Hand geht. Christus kam, um uns den Weg zu zeigen. Die Menschen lieben die Finsternis mehr als das Licht, und dort am Karfreitag am Kreuz war es noch dunkel, aber dann kam Ostern, und Ostern ist eine ewige Mahnung an die Tatsache, daß die Erde, auf der die Wahrheit unterdrückt wurde, sich wieder erheben wird. Ostern gibt Carlyle recht, wenn er sagt: »Keine Lüge kann ewig leben.« Und so ist das unser Glaube, in dem wir fortfahren, auf Frieden zu hoffen: Laßt uns dessen bewußt sein, daß wir bei diesem Vorgehen kosmische Gesellschaft haben.

Im Jahre 1963, an einem schwülen Augustnachmittag, standen wir in Washington D.C. und sprachen zum Volk über mancherlei. Gegen Ende jenes Nachmittags versuchte ich dem Volk von einem Traum zu erzählen, den ich gehabt hatte, und ich muß euch heute gestehen, daß ich, bald nach dem ich von dem Traum gesprochen hatte, zu sehen anfing, wie er sich in einen Altraum verwandelte. Ich erinnere mich an das erste Mal, daß ich sah, wie der Traum sich in einen Alptraum verwandelte, nur ein paar Wochen nachdem ich davon gesprochen hatte. Es war damals, als vier schöne junge, harmlose, unschuldige Negermädchen in einer Kirche in Birmingham/Alabama ermordet wurden. Ich sah, wie der Traum sich in einen Alptraum verwandelte, wenn ich durch die Negerviertel des Landes ging und meine schwarzen Brüder und Schwestern auf einer einsamen Insel der Armut inmitten eines riesigen Ozeans materieller Prosperität zugrunde gehen sah und wie der Staat nichts tat, um das Armutsproblem der Neger anzupacken. Ich sah, wie der Traum sich in einen Alptraum verwandelte, wenn ich zuschaute, wie meine schwarzen Brüder und Schwestern inmitten von Zorn und verständlicher Aufgebrachtheit, inmitten ihrer Verletztheit, inmitten ihrer Enttäuschung sich fehlgeleiteten Krawallen zuwandten, um zu versuchen, dieses Problem zu lösen. Ich sah, wie der Traum sich in einen Alptraum verwandelte, wenn ich zuschaute, wie der Krieg in Vietnam sich ausweitete, wie die sogenannten militärischen Berater, 16000 Mann stark, zu kämpfenden Soldaten wurden, bis es schließlich die mehr als 500000 Amerikanerjungen waren, die heute auf asiatischem Boden kämpfen. Jawohl, ich bin selbst das Opfer aufgeschobener Träume und zerschlagener Hoffnungen, aber trotzdem sage ich jetzt zum Schluß, daß ich immer noch einen Traum habe, denn, wißt ihr, man kann im Leben nicht aufgeben. Wenn man die Hoffnung verliert, verliert man irgendwie die Vitalität, die das Leben in Bewegung hält, man verliert den Mut zu sein, die Eigenschaft, die immer hilft, trotz allem weiterzumachen. Und so habe ich heute noch immer einen Traum.

Ich träume davon, daß eines Tages die Menschen sich erheben und einsehen werden, daß sie geschaffen sind, um als Brüder miteinander zu leben. Ich träume auch an diesem Morgen noch davon, daß eines Tages jeder Neger in diesem Lande, jeder Farbige in der Welt auf Grund seines Charakters anstatt seiner Hautfarbe beurteilt werden und daß jeder Mensch die Würde und den Wert der menschlichen Persönlichkeit achten wird. Ich träume auch heute noch davon, daß eines Tages die untätigen Industrien von Appalachia wiederbelebt und die leeren Mägen von Mississippi gefüllt sein werden und daß Brüderlichkeit mehr sein wird als ein paar Worte am Ende eines Gebets, vielmehr das vordringlichste Geschäft in der Agenda jedes Gesetzgebers. Ich träume auch heute noch da von, daß eines Tages das Recht offenbart werden wird wie Wasser, und die Gerechtigkeit wie ein starker Strom. Ich träume auch heute noch davon, daß in all unseren Parlamentsgebäuden und Rathäusern Männer gewählt und dort einziehen werden, die Gerechtigkeit und Gnade üben und demütig sind vor ihrem Gott. Ich träume auch heute noch davon, daß eines Tages der Krieg ein Ende nehmen wird, daß die Männer ihre Schwerter zu Pflugscharen und ihre Spieße zu Sicheln machen, daß kein Volk wider das andere ein Schwert aufheben und nicht mehr kriegen lernen wird. Ich träume auch heute noch davon, daß eines Tages das Lamm und der Löwe sich miteinander niederlegen werden und ein jeglicher unter seinem Weinstock und Feigenbaum wohnen wird ohne

Scheu. Ich träume auch heute noch davon, daß eines Tages alle Täler erhöht und alle Berge und Hügel erniedrigt werden, und was ungleich ist, eben, und was höckerig ist, schlicht wird, und daß die Herrlichkeit des Herrn offenbart werden und alles Fleisch miteinander es sehen wird. Ich träume noch immer davon, daß wir mit diesem Glauben imstande sein werden, den Rat der Hoffnungslosigkeit zu vertagen und neues Licht in die Dunkelkammern des Pessimismus zu bringen. Mit diesem Glauben wird es uns gelingen, den Tag schneller herbeizuführen, an dem Friede auf Erden ist. Es wird ein ruhmvoller Tag sein, die Morgensterne werden miteinander singen und alle Kinder Gottes vor Freude jauchzen.

## Denen, die im dunklen Tal sind, dienen

*King hielt diese Ansprache, aus der hier einige Auszüge wiedergegeben sind, am 23. Februar 1968 in Miami, im Rahmen eines Leitungstrainings für Pastoren. Die Konferenz diente der Vorbereitung der für das Frühjahr 1968 geplanten »Kampagne der Armen«.*

Für viele von uns ist diese Schulungskonferenz für Pastoren ein Gipfelerlebnis gewesen. Es gibt diese Momente der Verklärung, wenn wir den Gipfel ersteigen, wo wir inspiriert werden, wo wir erhoben werden und einen Eindruck von der Ewigkeit bekommen. Aber immer gibt es auch die Versuchung, die mit jedem Gipfelerlebnis einhergeht: das Verlangen, dort oben zu bleiben; das Verlangen, auf ewig inspirierenden Reden zu lauschen; ja sogar das Verlangen, in lähmender Analyse stecken zu bleiben; das Verlangen, ewige Momente sofortiger Befriedigung zu erleben.

Aber ich möchte euch heute darauf aufmerksam machen, daß in ein paar Stunden die meisten von uns Miami verlassen werden und wir ins Tal zurückkehren werden. Das Tal ruft uns. Wir werden in Täler zurückkehren, bevölkert von Männern und Frauen, die den Schmerz und die Pein der Armut kennen. Wir machen uns auf, um in Täler zurückzukehren, die bevölkert sind von Müttern, die von Sozialhilfe leben, die ihre kleinen Kinder nicht satt machen können. (...) Wir werden in ein Tal zurückkehren, das bevölkert ist von Tausenden und Abertausenden junger Menschen, die den Glauben an Amerika verloren haben. (...) Sie fragen sich, ob unsere Nation sich mehr auf ihre militärische Macht als auf ihre moralische Macht verläßt. Wir kehren zurück in ein Tal, das bevölkert ist von jungen Männern und Frauen, die Fragen stellen. Wir kehren zurück in ein Tal, das bevölkert ist von schwarzen Menschen, die in Verzweiflung sind aufgrund ihrer Lebensumstände. Wieder und wieder rufen sie – in unwissentlicher Übereinstimmung mit dem Dichter Paul Lawrence Dunbar: »Eine Kruste Brot und eine Ecke zum Schlafen; eine Minute des Lächelns und eine Stunde des Klagens; ein Scherflein Glück, jedoch Ungemach zuhauf, und niemals ein Lachen, auf daß sich das Leid nicht verdoppele; und das ist das Leben.« Das sind die Rufe in dem Tal, in das wir zurückkehren müssen. Und wir sind gerufen, dem Tal zu dienen. Unser Dienst muß ausgerichtet sein auf die Probleme, die Zwangslage und die Entfremdung, der die Menschen im Tal ausgesetzt sind. Wir sind gerufen, leidenschaftlich und unablässig dafür zu sorgen, daß »jedes Tal erhöht und jeder Berg und Hügel erniedrigt wird. Was uneben ist, soll gerade, und was hügelig ist, soll eben werden.« Nur dann wird unser Dienst uns erlauben zu sehen, wie sich die Herrlichkeit des Herrn erfüllt. Das ist es, wozu wir gerufen sind. Wir sind nicht nach Miami gekommen, um uns zu vergnügen. Wir sind nach Miami gekommen, um zu sehen, wie wir einen wirksamen und schöpferischen Dienst für das Tal entwickeln und wie wir Dinge ändern können. (...)

Laßt uns eingestehen, daß selbst die schwarze Kirche oft eher ein Schlußlicht als ein Scheinwerfer gewesen ist. Laßt uns ehrlich eingestehen, daß allzu oft einige von uns sich inmitten sozialer Ungerechtigkeit befanden und wir dennoch schwiegen, im Schutz der Buntglasfenster unserer Kirchen. Laßt uns ehrlich eingestehen, daß wir inmitten der Armut unserer eigenen Gemeindeglieder so oft einfach in die Runde geschaut und fromme Belanglosigkeiten und frömmlerische Banalitäten von uns gegeben haben. Laßt uns ehrlich eingestehen, daß wir uns allzu oft mehr für den Radabstand unserer Autos und die Höhe des Geldbetrags, den wir zu unseren Jubiläen erhalten, interessierten als für die Probleme der Menschen, die es uns überhaupt erst ermöglichten, diese Dinge zu bekommen. Laßt es uns ehrlich eingestehen, wenn wir nachlässig gewesen sind und nicht getan haben, wozu Gott uns berufen hat.

Wir haben die Macht, die Kirche zu der Einrichtung zu machen, der sich sogar junge Menschen, die sich zeitweise der Kirche entfremdet fühlen, wieder zuwenden, denn sie werden merken, daß wir für sie an vorderster Front im Kampf stehen. Dann werden sie bemerken, daß Jesus kein Weißer war. Das Christentum ist nicht ausschließlich eine Religion des Westens. Wir können bewirken, daß die Kirche wieder ihren wahren Klang erhält. Wir haben die Macht, Amerika zu ändern und der Religion Jesu Christi eine Art neuer Lebenskraft zu verleihen. Wir können jene jungen Männer und Frauen, die den Glauben an die Kirche verloren haben, zu der Erkenntnis führen, daß Jesus ebendeshalb ein ernst zu nehmender Mensch war, weil er sich der Bitternis des Menschlichen im Schein des Göttlichen aussetzte und sich um die Nöte der Menschen sorgte. Er sorgte sich um Brot. Schon vor langer Zeit rief er eine »Aktion Brotkorb« («Operation Breadbasket«) ins Leben. Er initiierte die erste Sit-in-Bewegung. Er war der größte Revolutionär, den die Geschichte kennt. Und wenn uns die Menschen erzählen wollen, wir hätten, wenn wir uns so erheben, so wie wir uns erheben, unsere Inspiration von diesem oder jenem – dann geht und laßt sie wissen, woher wir unsere Inspiration haben. (...) Es ist eine große Tragödie, daß das Christentum nicht wahrnahm, daß es einen revolutionären Auftrag hat. Man muß nicht Karl Marx lesen, um zu lernen, wie man ein Revolutionär wird. Ich habe meine Inspiration nicht von Karl Marx. Ich habe sie von einem Mann namens Jesus, einem Retter aus Galiläa. Er sagte, er sei gesalbt, denen, die gebrochenen Herzens sind, zu helfen. Er war gesalbt, sich der Nöte der Armen anzunehmen und derer, die sich in Gefangenschaft befanden, und er predigte ein angenehmes Jahr des Herrn. Das ist revolutionär. Und von dorther erhalten wir unsere Inspiration.

## Was sollte bei meiner Beerdigung gesagt werden?

*Schluß einer Predigt über den Bibeltext Mk10,35-45, die King zwei Monate vor seinem Tod in der Ebenezer Baptist Church in Atlanta hielt.*

Hin und wieder, so vermute ich, denken wir alle realistisch nach über jenen Tag, an dem wir das Opfer werden jenes letzten gemeinsamen Nenners des Lebens – jenes Etwas, das wir Tod nennen. Wir alle denken darüber nach. Und hin und wieder denke auch ich an meinen Tod, und ich denke an meine Beerdigung. Ich denke daran nicht in einer krankhaften Weise. Hin und wieder frage ich mich selbst: »Was sollte – wenn es nach mir geht – dann gesagt werden?« Ich will euch heute morgen darüber Auskunft geben.

Wenn einige von euch dabei sind, wenn mein Tag kommt: Ich möchte keine lange Beerdigung. Und wenn ihr jemanden eine Grabrede halten laßt, sagt, sie sollen nicht zu lange reden. Hin und wieder frage ich mich, was sie nach meinem Wunsch sagen sollten. Sagt ihnen, sie sollen nicht erwähnen, daß ich den Friedensnobelpreis erhielt. Das ist nicht wichtig. Sagt ihnen, sie sollen nicht erwähnen, daß ich 300 oder 400 Auszeichnungen habe. Das ist nicht wichtig. Sagt ihnen, sie sollen nicht erwähnen, wo ich zur Schule ging.

Ich möchte, daß jemand an jenem Tag sagt: »Martin Luther King, jr., versuchte mit seinem Leben anderen zu dienen.« Ich möchte, daß jemand an jenem Tag sagt: »Martin Luther King versuchte, Liebe zu üben.« Ich möchte, daß ihr an jenem Tag sagt, daß ich versuchte, in der Kriegsfrage auf der richtigen Seite zu stehen. Ich möchte, daß ihr an jenem Tag sagen könnt, ich versuchte die Hungrigen zu speisen. Und ich möchte, daß ihr an jenem Tag sagen könnt, ich versuchte in meinem Leben, die Nackten zu kleiden. Ich möchte, daß ihr an jenem Tag sagt, ich versuchte in meinem Leben, die im Gefängnis zu besuchen. Ich möchte, daß ihr sagt, ich versuchte, die Menschheit zu lieben und ihr zu dienen.

Ja, wenn ihr sagen wollt, daß ich wie ein Tambourmajor vorausging, dann sagt, daß ich ein Tambourmajor für Gerechtigkeit war; daß ich ein Tambourmajor für Frieden war; daß ich ein Tambourmajor für Rechtschaffenheit war. Und all die anderen unwichtigen Dinge werden keine Rolle spielen. Ich werde kein Geld hinterlassen. Ich werde keine vornehmen und luxuriösen Dinge hinterlassen. Ich möchte nur ein hingebungsvolles Leben hinterlassen.

Und das ist alles, was ich sagen möchte. Wenn ich jemand helfen kann auf meinem Weg, wenn ich jemand aufmuntern kann, mit einem Wort oder einem Lied, wenn ich jemand zeigen kann, daß er in die falsche Richtung geht, dann wird mein Leben nicht vergeblich sein. Wenn ich meine Pflicht als Christ tun kann, wenn ich Erlösung für eine einst aufgewühlte Welt bringen kann, wenn ich die Botschaft wie der Herr ausbreiten kann, dann wird mein Leben nicht vergeblich sein.

Ja, Jesus, ich möchte an deiner rechten oder linken Seite sein, nicht aus selbstsüchtigen Motiven. Ich möchte an deiner rechten oder linken Seite sein, nicht wegen eines politischen Königreiches oder aus Ehrgeiz. Nein, ich möchte dort einfach sein in Liebe und in Gerechtigkeit, in Wahrheit und in der Verpflichtung gegenüber den anderen, damit wir aus dieser alten Welt eine neue Welt schaffen können.

## Ich bin auf dem Gipfel des Berges gewesen

*Schluß der Ansprache, die King am 3. April 1968, am Abend vor seiner Ermordung, im Rahmen des Müllarbeiterstreiks in der Meason Temple Chruch in Memphis hielt.*

Ich verließ Atlanta heute früh, wir waren eine Gruppe von sechs, und als der Flug begann, sagte der Pilot über den Lautsprecher: »Entschuldigen Sie bitte die Verspätung, aber wir haben Dr. Martin Luther King an Bord. Um sicher zu gehen, daß alles Gepäck kontrolliert und alles an Bord in Ordnung war, mußten wir alles sorgfältig prüfen. Das Flugzeug wurde die ganze Nacht bewacht.« Und dann landete ich in Memphis. Und einige sprachen von den Drohungen, die im Umlauf waren, und von dem, was mir von einigen unserer kranken weißen Brüder widerfahren könnte.

Nun, ich weiß nicht, was jetzt geschehen wird. Schwierige Tage 1iegen vor uns. Aber das macht mir jetzt wirklich nichts aus. Denn ich bin auf dem Gipfel des Berges gewesen. Ich mache mir keine Sorgen. Wie jeder andere würde ich gern lange leben. Langlebigkeit hat ihren Wert. Aber darum bin ich jetzt nicht besorgt. Ich möchte nur Gottes Willen tun. Er hat mir erlaubt, auf den Berg zu steigen. Und ich habe hinübergesehen. Ich habe das Gelobte Land gesehen. Vielleicht gelange ich nicht dorthin mit euch. Aber ihr sollt heute abend wissen, daß wir, als ein Volk, in das Gelobte Land gelangen werden. Und deshalb bin ich glücklich heute Abend. Ich mache mir keine Sorgen wegen irgendetwas. Ich fürchte niemanden. Meine Augen haben die Herrlichkeit des kommenden Herrn gesehen.

*Die Beisetzung Martin Luther Kings (in der vordersten Reihe Coretta King) wurde zu einer politischen Demonstration*

## »Man sollte im Leben an etwas glauben können«
*Kleine Texte*

Ich habe mich entschlossen, für meine Überzeugung zu kämpfen. Man sollte im Leben an etwas glauben können, so leidenschaftlich glauben können, daß man ein Leben lang für diese Überzeugung eintreten kann. Mir ist es unmöglich zu glauben, daß Gott möchte, daß ich jemanden hasse. Ich bin der Gewalt müde. Und ich bin nicht bereit, meinen Unterdrücker bestimmen zu lassen, welche Methode ich anwenden solle. Wir haben eine Macht, die man zwar nicht in Molotowcocktails findet, aber wir haben eine Macht. Nicht die Macht von Geschossen und Gewehren, aber wir haben eine Macht. Es ist eine Macht, so alt wie die Erkenntnis des Jesus von Nazaret und so modern wie die Methoden des Mahatma Gandhi. (1)

*

Ich entsinne mich, wie wir während jenes großen Kampfes in Birmingham (Alabama) jeden Tag von der Baptistischen Kirche in der 16. Straße losmarschierten, zu Hunderten zogen wir aus. Und »Bull« Connor befahl den Polizisten, die Hunde loszulassen, und sie kamen. Aber wir sangen vor den Hunden: »Ich werde vor niemandem weglaufen.« Dann befahl »Bull« Connor: »Dreht die Wasserschläuche auf!« Wie ich euch schon sagte, »Bull« Connor kannte die Geschichte nicht. Er kannte eine Art Physik, die irgendwie nicht zu der Trans-Physik paßte, von der wir wußten. Es war die Tatsache, daß da ein bestimmtes Feuer war, das kein Wasser löschen konnte. Wir stellten uns den Wasserschläuchen entgegen. Wir kannten Wasser. Wer zu den Baptisten oder einer verwandten Denomination gehörte, war untergetaucht worden; wer zu den Methodisten und einigen anderen Denominationen gehörte, war besprengt worden. In jedem Fall waren wir mit Wasser vertraut. Sie konnten uns nicht aufhalten. Wir gingen einfach auf die Hunde zu und schauten sie an, wir gingen einfach auf die Wasserschläuche zu und schauten sie an, und dabei sangen wir: »Über meinem Kopf sehe ich Freiheit in der Luft.« Dann wurden wir in Polizeiwagen geworfen, manchmal zusammengepfercht wie Ölsardinen in einer Büchse. Und »Bull« Connor rief: »Fahrt sie fort!« Das taten sie auch, während wir im Gefängniswagen weiter sangen: »Wir werden siegen.« Gelegentlich landeten wir im Gefängnis, und wir sahen, wie unsere Gebete, Worte und Lieder die Gefängniswärter bewegten, die durch die Fenster schauten. Es existierte dort eine Macht, mit der »Bull« Connor nicht fertig wurde. (2)

*

Ich hatte nie die Absicht, mich an die Übel der Rassentrennung und Diskriminierung anzupassen. Ich hatte nie die Absicht, mich an religiöse Frömmelei anzupassen. Ich hatte nie die Absicht, mich an wirtschaftliche Verhältnisse anzupassen, in denen vielen das Notwendigste vorenthalten wird, um wenigen Luxus zu ermöglichen. Ich hatte nie die Absicht, mich an den Irrsinn des Militarismus und die selbstzerstörerische Wirkung physischer Gewalt anzupassen. Und ich rufe alle Menschen guten Willens auf, nicht-angepaßt zu sein, weil es sehr wohl sein könnte, daß die Rettung unserer Welt in den Händen der Nicht-Angepaßten liegt.

Deshalb laßt uns nicht-angepaßt sein, so nicht-angepaßt wie der Prophet Amos, der inmitten des Unrechts seiner Zeit ausrufen konnte – in Worten, deren Echo durch Jahrhunderte geht –: »Es ströme aber das Recht wie Wasser und die Gerechtigkeit wie ein nie versiegender Bach«. Laßt uns so nicht-angepaßt sein wie Abraham Lincoln, der den Weitblick hatte zu sehen, daß diese Nation nicht halb versklavt und halb frei sein konnte. Laßt uns so nicht-angepaßt sein wie *Jesus* von Nazaret, der in die Augen der Männer und Frauen seiner Generation sah und ausrief: »Liebet eure Feinde. Segnet, die euch fluchen. Betet für die, so euch beleidigen und verfolgen.«

Ich bin überzeugt, daß wir durch solche Nicht-Angepaßtheit in der Lage sein werden, aus der öden und trostlosen Mitternacht menschlicher Unmenschlichkeit zum hellen und glänzenden Tagesanbruch der Freiheit und Gerechtigkeit zu gelangen. Das wird der Tag sein, an dem es allen Kindern Gottes – Schwarzen und Weißen, Juden und Nicht-Juden, Katholiken und Protestanten – möglich sein wird, sich an den Händen zu fassen und mit den Worten eines alten Negrospirituals zu singen: »Endlich frei! Endlich frei! Dank sei Gott, dem Allmächtigen, wir sind endlich frei!« (3)

*

Eines Abends Ende Januar 1956 [zwei Monate nach Beginn des Busboykotts in Montgomery] ging ich nach einem anstrengenden Tag erst spät zu Bett. Coretta schlief schon. Als ich gerade am Einschlafen war, läutete das Telefon. Eine wütende Stimme rief: »Höre, Nigger, wir werden uns an dir rächen. Noch in dieser Woche wirst du es bereuen, daß du nach Montgomery gekommen bist.« Ich hängte ab, aber ich konnte nicht schlafen. Es war mir, als bräche alle Angst und Not der letzten Wochen auf einmal über mich herein. Ich war am Ende meiner Kraft.

Ich stand wieder auf und lief im Korridor auf und ab. Schließlich ging ich in die Küche und machte mir eine Tasse Kaffee. Ich wollte den Kampf aufgeben. Ohne den Kaffee anzurühren, saß ich am Küchentisch und grübelte darüber nach, wie ich von der Bildfläche verschwinden könnte, ohne als Feigling zu erscheinen. In diesem Zustand äußerster Erschöpfung und völliger Mutlosigkeit legte ich Gott meine Not hin. Den Kopf in den Händen betete ich laut. Die Worte in dieser mitternächtlichen Stunde sind mir noch in lebendiger Erinnerung: »Herr, ich glaube, daß ich für eine gerechte Sache kämpfe. Aber jetzt habe ich Angst. Die Leute sehen auf mich als ihren Führer, und wenn ich so ohne Kraft und Mut vor ihnen stehe, werden sie auch wankend werden. Ich kann nicht mehr weiter. Ich habe den Punkt erreicht, wo ich es allein nicht mehr schaffe.«

In diesem Augenblick erlebte ich die Gegenwart Gottes wie nie zuvor. Mir war, als hörte ich eine innere Stimme, die mir Mut zusprach: »Stehe auf für die Gerechtigkeit! Stehe auf für die Wahrheit! Und Gott wird immer an deiner Seite sein!«

Fast augenblicklich waren meine Ängste dahin. Meine Unsicherheit verschwand. Ich war bereit, allem ins Auge zu sehen. (4)

*

Viele Leute sind überrascht, wenn sie erfahren, daß ich ein Optimist bin. Sie wissen, wie oft ich ins Gefängnis geworfen wurde, wie oft meine Tage und Nächte mit Enttäuschung und Sorge angefüllt waren, wie verbissen und gefährlich meine Feinde sind. Sie erwarten, daß diese Erfahrungen mich zu einem grimmigen und verzweifelten Menschen machen. Sie begreifen nicht das Gefühl der Bestärkung, das erzeugt wird durch die Herausforderung, den

Kampf aufzunehmen und die Hindernisse zu überwinden. Sie haben kein Verständnis für die Stärke, die aus dem Glauben an Gott und den Menschen kommt. Ich mag sttraucheln, aber ich bin völlig sicher in dem Wissen, daß Gott uns liebt. Er hat unser Scheitern nicht geplant. Der Mensch hat die Fähigkeit, sowohl richtig als auch falsch zu handeln, und seine Geschichte ist ein Weg nach oben, nicht nach unten. Die Vergangenheit ist übersät mit den Ruinen der Tyrannenreiche, und jedes dieser Reiche dokumentiert nicht nur die Fehler des Menschen, sondern auch seine Fähigkeit, sie zu überwinden. (5)

*

M. E. ist die Frage, wie man mit Enttäuschungen fertig wird, eines der quälendsten menschlichen Probleme. In unserem eigenen Leben destillieren wir allzu oft Bitterkeit aus unseren Enttäuschungen oder baden uns in tiefem Selbstmitleid oder vertreten eine fatalistische Philosophie, wonach alles, was geschieht, geschehen muß und alle Ereignisse von Notwendigkeit bestimmt sind. Derartige Reaktionen vergiften die Seele und verletzen die Persönlichkeit. Die einzig richtige Antwort besteht in dem ehrlichen Eingeständnis der Enttäuschung, selbst wenn man an Hoffnungsfragmenten festhält; in der Hinnahme begrenzter Enttäuschung, selbst wenn man an unbegrenzter Hoffnung festhält.

Wir, die wir arm und schwarz sind und so lange von Freiheit geträumt haben, sind immer noch im Gefängnis der Rassentrennung und Diskriminierung eingeschlossen. Müssen wir mit Bitterkeit und Zynismus antworten? Mir liegt daran, daß das auf keinen Fall geschieht – denn dann kann die Wut der Schwarzen so verzweifelt werden, daß sie in Selbstmord endet. Müssen wir uns innerlich selbst bemitleiden? Natürlich nicht, denn das könnte zu Wahnideen führen, die sich selbst besiegen. Müssen wir daraus folgern, daß wir nicht gewinnen können? Sicherlich nicht, denn das würde zu einem verzweifelten schwarzen Nihilismus führen, der Störung um der Störung willen sucht. Müssen wir uns der Unterdrückung unterwerfen, weil wir den fatalistischen Schluß ziehen, Rassentrennung sei dem Universum vorherbestimmt? Natürlich nicht. Denn passive Kooperation mit einem ungerechten System macht den Unterdrückten so schlecht wie den Unterdrücker. Es verspricht am meisten Erfolg, wenn wir standfest sind, mit aggressiver Gewaltlosigkeit vorwärtsschreiten, Enttäuschungen akzeptieren und uns an die Hoffnung klammern. Unsere bestimmte Weigerung, uns aufhalten zu lassen, wird schließlich die Tür zur Erfüllung öffnen.

Ich erinnere mich lebhaft daran, wie ich 1956 für den Flug von New York nach London in einer Propellermaschine neuneinhalb Stunden benötigte, wofür man mit einem Jet heute etwa sechs Stunden braucht. Auf dem Rückflug von London in die USA kündigte die Stewardess an, der Flug werde zwölfeinhalb Stunden dauern. Wenn die Entfernung die gleiche war, warum dann drei Stunden mehr? Als der Pilot den Passagierraum betrat, um die Fluggäste zu begrüßen, bat ich ihn um eine Erklärung. Er sagte etwas, was ich nie vergessen werde: »Sie müssen etwas über die Winde wissen. Wenn wir New York verlassen, begünstigt uns ein starker Rückenwind. Aber auf dem Rückflug haben wir starken Gegenwind.« Und dann fügte er hinzu: »Machen Sie sich keine Sorgen. Die vier Maschinen werden mit dem Wind fertig.«

In jeder sozialen Revolution gibt es Zeiten, in denen Rückenwinde des Triumphes und der Erfüllung uns begünstigen, und andere Zeiten, in denen starke Gegenwinde der Enttäuschung und der Rückschläge uns unerbittlich ins Gesicht blasen. Wir dürfen uns bei der Reise über den mächtigen Ozean des Lebens nicht von ungünstigen Winden überwältigen lassen. Wir müssen uns trotz der Winde von den Energien und Motoren unseres Mutes tragen lassen. Diese Weigerung, sich aufhalten zu lassen, dieser »Mut zum Sein«, diese Entschlossenheit, »trotzdem« weiterzumachen, ist der Echtheitsstempel jeder großen Bewegung. (6)

*

Ich trete weiter jedem Versuch entgegen, unsere Freiheit mit jenen Methoden der Bosheit, des Hasses und der Gewalt zu gewinnen, die für unsere Unterdrücker »typisch« sind. Haß ist für den Hassenden genauso schädlich wie für den Gehaßten. Wie unkontrollierbarer Krebs zerrüttet Haß die Persönlichkeit und zerstört ihre lebendige Einheit. Er hat keine Grenzen. ... Und deshalb sagen die Psychiater: Liebe oder stirb! Ich habe Haß auf zu vielen Gesichtern von Sheriffs in Alabama und Mississippi gesehen, als daß ich dem Neger raten könnte, auf diese erbärmliche Ebene herabzusinken. Haß ist eine zu große Last.

Natürlich könntet ihr sagen: »Das ist nicht praktisch. Im Leben kann keiner dem anderen etwas schenken, man muß zurückschlagen, jeder kämpft gegen jeden.« »In einem fernen Utopia vielleicht«, so könntet ihr sagen, »läßt sich dieses Ideal verwirklichen, aber nicht in der harten, kalten Welt, in der wir leben.« Ich kann darauf nur antworten, daß die Menschheit dem sogenannten praktischen Weg nun schon lange Zeit gefolgt ist, und das hat nur tiefer in Verwirrung und Chaos geführt. Die Zeit ist übersät mit den Wracks von Individuen und Gemeinschaften, die sich dem Haß und der Gewalt ausgeliefert haben. Ich bin sicher, viele von euch haben Frantz Fanons »Die Verdammten der Erde« gelesen. Gegen Ende des Buches sagt er: »So, Kameraden, laßt uns nicht Europa Tribut zahlen, ... indem wir Staaten, Institutionen und Gesellschaften bilden, die von Europa inspiriert sind. Die Menschheit wartet auf etwas anderes als eine solche Imitation, die sowieso nichts wäre als eine häßliche Karikatur. Wenn wir Afrika zu einem neuen Europa machen wollen ... und Amerika zu einem neuen Europa, dann überlaßt das Schicksal unserer Länder den Europäern. Sie werden das besser können als die Begabtesten unter uns. Aber wenn wir möchten, daß die Menschheit einen Schritt weiterkommt, wenn wir sie auf eine andere Stufe bringen wollen als die, die uns Europa gezeigt hat, dann müssen wir selber erfinderisch sein und Entdeckungen machen.« Und dann fährt er am Schluß des Buches fort: »Für Europa, für uns selber und für die Menschheit, Kameraden, müssen wir ein neues Blatt aufschlagen. Wir müssen neue Konzeptionen ausarbeiten und versuchen, einen neuen Menschen zu schaffen.«

Das sind mutige und herausfordernde Worte, und ich bin froh, daß junge schwarze Männer und Frauen sie zitieren. Aber das Problem besteht darin, daß Fanon und diejenigen, die ihn zitieren, neue Konzeptionen ausarbeiten und einen neuen Menschen schaffen wollen und dabei zugleich alte Gewaltkonzepte imitieren. Ist das nicht ein grundsätzlicher Widerspruch? Gewalt ist der untrennbare Zwilling des Materialismus gewesen, der Echtheitsstempel seiner Größe. Diesen Aspekt der modernen Zivilisation möchte ich auf keinen Fall imitieren. Die Menschheit wartet auf etwas anderes als eine blinde Nachahmung der Vergangenheit.

Wenn wir wirklich einen Schritt weitergelangen wollen, wenn wir eine neue Seite aufschlagen wollen und einen neuen Menschen wollen, dann müssen wir damit anfangen, die Menschheit aus der langen und trostlosen Nacht der Gewalt herauszubringen. Könnte es nicht sein, daß der neue Mensch, den die Welt braucht, der gewaltlose Mensch ist? (7)

*

Gewalt ist ein unmoralisches Mittel, weil sie den Gegner demütigen, sich aber nicht mit ihm verständigen will. Sie will den anderen vernichten, nicht gewinnen. Gewalt ist unmoralisch, weil sie nicht aus der Liebe, sondern aus dem Haß geboren ist. Sie zerstört die Gemeinschaft und schließt die Bruderschaft aus. Sie läßt die Gesellschaft im Monolog zurück, statt im Dialog. Gewalt endet damit, daß sie sich selbst vernichtet. Sie macht die Überlebenden bitter und die Zerstörer brutal. Eine Stimme ruft jedem Petrus zu: »Stecke dein Schwert an seinen Ort!« Die Geschichte ist ein einziges Trümmerfeld von Völkern, die diesen Befehl nicht befolgt haben. (8)

*

Es ist nicht leicht, der Verkündigung zu glauben, daß moralische Gewalt mindestens ebensoviel Schlagkraft und Wirksamkeit besitzt wie die Fähigkeit, einen körperlichen Schlag zu erwidern, und daß es mehr Willensstärke und Mut erfordert, auf ein Zurückschlagen zu verzichten, als den Reflexen der Verteidigung automatisch nachzugeben. (9)

*

Darin liegt die wahre Bedeutung, der wahre Wert von Mitgefühl und Gewaltlosigkeit, daß sie uns helfen, den Standpunkt des Feindes zu sehen, seine Fragen zu hören, zu wissen, wie er uns einschätzt. Denn aus seiner Sicht heraus vermögen wir tatsächlich die grundlegenden Schwächen unserer eigenen Stellung zu erkennen, und wenn wir reif sind, können wir aus der Weisheit der Brüder, die Gegner genannt werden, lernen, an ihr wachsen und von ihr profitieren. (10)

*

Wir müssen die Fähigkeit zur Vergebung entwickeln und fördern. Wer nicht in der Lage ist zu verzeihen, der ist auch unfähig zu lieben. Auch im Schlechtesten von uns steckt etwas Gutes und etwas Böses auch im Besten von uns. Wenn wir das erkennen, sind wir weniger versucht unsere Feinde zu hassen. (11)

*

In unserem religiösen Erbe ist die Überzeugung tief verwurzelt, daß jeder Mensch Erbe eines Vermächtnisses von Würde und Wert ist. Unsere jüdisch-christliche Tradition spricht von dieser angeborenen Würde des Menschen in dem biblischen Wort vom »Ebenbild Gottes«. Am »Ebenbild Gottes« haben alle Menschen im gleichen Maße teil. Es gibt keine Stufenleiter des Wertes. Jedes menschliche Wesen trägt in seiner Persönlichkeit den unauslöschlichen Stempel des Schöpfers eingeprägt. Jeder Mensch muß geachtet werden, weil Gott ihn liebt. Der Wert des Einzelnen liegt nicht in der Kraft seines Intellekts, seiner rassischen Herkunft oder seiner sozialen Stellung. Der menschliche Wert liegt in seiner Beziehung zu Gott. Der Einzelne hat Wert, weil er für Gott Wert hat. (12)

*

Es kommt die Zeit, in der ein moralischer Mensch sich einem Gesetz nicht unterordnet, von dem sein Gewissen ihm sagt, daß es ein ungerechtes Gesetz ist. Und wichtig dabei ist, daß, wenn er sich so verhält, er eine Verurteilung in Kauf nimmt – denn wenn er sich ihr widersetzt, dann wird er rücksichtslos, und er wird zum Anarchisten. Zu jeder Zeit und in jeder Generation gab es Persönlichkeiten, die bereit waren zu sagen: »Ich gehorche einem höheren Gesetz!« Es ist wichtig, zu erkennen, daß es Zeiten gibt, in denen ein von Menschen verfaßtes Gesetz nicht im Einklang mit dem sittlichen Gesetz der Schöpfung steht. (13)

*

Gewaltloser Zwang bringt immer eine Spannung zum Vorschein. Diese Spannung darf jedoch nicht als destruktiv angesehen werden. Es gibt eine Art von Spannung, die sowohl gesund als auch notwendig für das Wachstum ist. Die Gesellschaft braucht gewaltlose Störenfriede, um ihre Spannungen ans Licht zu bringen und ihre Bürger zu zwingen, sich die Häßlichkeit ihrer Vorurteile und die Tragödie ihres Rassismus klarzumachen. (14)

*

Alle Menschen sind voneinander abhängig. Jede Nation ist Erbe eines großen Schatzes von Ideen und Arbeit, zu dem die Lebenden und die Toten aller Nationen beigetragen haben. Ob wir es wissen oder nicht, jeder von uns bleibt ewig »in der Schuld« von anderen. Wir sind ewige Schuldner bekannter und unbekannter Männer und Frauen. (15)

*

Wir haben gelernt, wie Vögel zu fliegen und wie Fische zu schwimmen, aber wir haben die einfache Kunst nicht erlernt, als Brüder zusammenzuleben. (16)

*

Wir haben heute noch die Wahl: gewaltlose Koexistenz oder gewaltsame Vernichtung aller. Dies kann sehr wohl die letzte Chance der Menschheit sein, zwischen dem Chaos und der Gemeinschaft zu wählen. (17)

*

In einer Welt, die dem Aufstand zerlumpter und hungriger Massen von Kindern Gottes entgegenblickt; in einer Welt, die in der Spannung zwischen Ost und West, zwischen Weiß und Farbig, zwischen Individualisten und Kollektivisten zerrissen wird; in einer Welt, deren kulturelle und geistige Macht so weit hinter ihren technischen Fähigkeiten nachhinkt, daß wir jeden Tag am Abgrund nuklearer Gesamtvernichtung leben – in dieser Welt ist Gewaltlosigkeit kein Gegenstand theoretischer Untersuchungen mehr, sondern ein Gebot zu handeln. (18)

*

Die entwickelten Industriestaaten der Welt können keine sicheren Inseln des Wohlstands in einem brodelnden Meer der Armut bleiben. Ein Sturm erhebt sich gegen die privilegierte Minderheit der Erde, vor dem es keine Zuflucht in Isolierung und Kriegsrüstung gibt. Der Sturm wird sich nicht legen, bis eine gerechte Verteilung der Früchte der Erde es dem Menschen allenthalben ermöglicht, anständig und menschenwürdig zu leben. (19)

*

Wahrer Friede bedeutet nicht lediglich die Abwesenheit von Konflikten, sondern die Gegenwart von Gerechtigkeit. (20)

*

Nichts in unserer glitzernden Technologie vermag den Menschen zu neuen Höhen zu führen, weil materielle Größe zu einem Ziel in sich selbst geworden ist, und wo ein moralisches Ziel fehlt, da wird der Mensch in dem Maße immer unwichtiger, wie seine Leistungen an Bedeutung zunehmen. Gigantische Industrien und Verwaltungen, verflochten zu einem verwickelten, computergesteuerten Mechanismus, schließen den Menschen aus. Das Gefühl des Beteiligtseins geht verloren, das Gefühl, daß normale Menschen wichtige Entscheidungen beeinflussen, verschwindet, und der Mensch wird ausgestoßen und erniedrigt.

Wenn aber der Einzelne kein echter Teilhaber mehr ist, wenn er seiner Gesellschaft gegenüber keine Verantwortung mehr fühlt, dann verliert die Demokratie ihren Sinn. (21)

*

Wie so viele andere menschliche Institutionen existiert die Kirche in zwei Formen: in der machtvollen, prophetischen und dynamischen geistlichen Form, die in vielen großen Bewegungen der Geschichte erschienen ist, und in der gesetzten, konservativen, institutionellen Form, die durch unsere Gebäude und denominationellen Strukturen charakterisiert wird. Es ist wahr: Sonntagmorgen elf Uhr ist die Stunde mit der weitreichendsten Rassentrennung im Leben unserer Nation, aber es ist auch wahr, daß Christen einen großen Anteil an der Stärke der gegenwärtigen Revolution haben.

Christen marschierten mit uns in Albany in Georgia und wurden von jüdischen Rabbinern begleitet. Sie fuhren mit uns in den Bussen während der »Freiheitsfahrten«. Aber viele von ihnen kehrten zu Kirchen und Synagogen zurück, deren Gemeinden darüber beunruhigt waren, daß ein Neger in ihre Nachbarschaft ziehen wollte. Nichts veranschaulicht deutlicher das Dilemma der Kirche.

Harry Emerson Fosdick hat darauf hingewiesen, daß Männer und Frauen Christus aus zwei ganz unterschiedlichen Motiven gefolgt sind. Es gibt die ästhetische Antwort auf Christus, die mit der Schönheit des Gottesdienstes verbunden ist, mit den bewegenden Hymnen und Zeremonien, die die Kirche um sein Leben geschaffen hat. Und dann gibt es die ethische Antwort, die erfolgt, wenn man seine Lehren und sein ethisches Beispiel ernst nimmt und eine persönliche Verpflichtung empfunden wird, seinem Beispiel zu folgen. Zu oft haben Menschen auf Christus gefühlsmäßig geantwortet. Die Vorstellung von einem persönlichen Erlöser, der für uns gestorben ist, ist sehr ansprechend. Aber oft neigen Christen dazu, den auferstandenen Christus zu sehen und den Menschen Jesus zu übersehen, der sein Gesicht nach Jerusalem wandte und lieber bewußt die Kreuzigung auf sich nahm, als Gottes Willen zu verneinen und dem Druck der Pharisäer und Schriftgelehrten nachzugeben, vieles von seiner Lehre zurückzunehmen, nach der alle Menschen Kinder Gottes sind. (...)

Das wirklich Tragische an dem unchristlichen Christen ist die Tatsache, daß er sich tatsächlich selber überzeugt hat, er verhalte sich richtig in seiner Sünde und seinem Irrglauben. Er versteht die Kirche als seinen eigenen privaten Country Club und nicht als den Leib Christi mit einer zweitausendjährigen Geschichte und Lehre. Die Kirche ist für ihn wenig mehr als ein unbedeutender geselliger Verein mit einem dünnen Anstrich von Religiosität, wo sich seine Töchter treffen und den richtigen Mann heiraten können und wo das Erbe seiner Vorväter aus dem 18. Jahrhundert vor dem Angriff moderner Technologie und sozialer Kräfte bewahrt werden kann.

In dieser »Buntglasfenster–Zuflucht« vor der Welt interessiert es die Menschen nicht mehr, was Gott über ihr Leben und ihre Gewohnheiten denkt. Sie machen sich Sorgen darüber, was wohl ihre Nachbarn sagen würden, wenn sie sich nicht den akzeptierten Formen des Vorurteils und der Diskriminierung anpassen.

(...) Dennoch kann ich weder die Kirche noch den unchristlichen Christen aufgeben. Ich bin zu sehr Prediger, um Gottes Macht anzuzweifeln, Menschen zur Buße zu bringen. (22)

*

Jede Religion, die behauptet, sie kümmere sich um die Seele des Menschen, und sich nicht kümmert um die Slums, in denen die Menschen zugrunde gehen, um die wirtschaftlichen Verhältnisse, die ihnen den Hals zuschnüren, und um die sozialen Verhältnisse, die sie lähmen, eine solche Religion ist eine saft- und kraftlose Religion. Solch eine Religion ist von der Art, wie die Marxisten sie gern sehen würden – Opium des Volkes. (23)

*

Alles, was ich für die Bürgerrechte tue, sehe ich als Teil meines Dienstes als Pastor an, weil ich überzeugt bin, daß das Evangelium seinem Wesen nach dem ganzen Menschen dient. Es genügt nicht, sich um die Seele des Menschen zu sorgen. Man muß sich auch um den Körper und um die Umweltbedingungen kümmern, die die Seele verletzen können. (24)

*

Von wem darf man mit größerem Recht erwarten, daß er die Sehnsüchte und Hoffnungen der Menschen artikuliert, als vom Prediger? Ein Prediger muß eine Art Feuer in seinem Gebein verschlossen haben. Und wo ihm Ungerechtigkeit begegnet, da muß er sie beim Namen nennen. In gewisser Weise muß der Prediger ein Amos sein und sagen: »Wenn Gott spricht, wer muß dann nicht prophezeien?« Wie Amos muß er sagen: »Es ströme aber wie Wasser das Recht und die Gerechtigkeit wie ein nie versiegender Bach.« In gewisser Weise muß der Prediger mit Jesus sagen: »Der Geist des Herrn ruht auf mir, denn er hat mich gesalbt. Er hat mich gesalbt, die Probleme der Armen aufzugreifen.« (...)

Ich bin jedes Mal glücklich, wenn ich Pastoren sehe, die einen sinnvollen Dienst tun. Es ist nicht falsch, über »lange weiße Gewänder dort drüben« zu reden, dies Symbol hat seine Berechtigung. Aber letztlich wollen die Menschen Kleider und Schuhe hier unten auf der Erde tragen. Es ist nicht falsch, über Straßen zu reden, in denen Milch und Honig fließt, aber Gott hat uns befohlen, uns um die Slums hier unten zu sorgen, und um seine Kinder, die nicht einmal drei ausreichende Mahlzeiten pro Tag erhalten. Es ist nicht falsch, über das neue Jerusalem zu reden, aber eines Tages muß ein Prediger Gottes über das neue New York, das neue Atlanta, das neue Los Angeles, das neue Philadelphia und das neue Memphis reden. Das ist unsere Aufgabe. (25)

*

Vor 2000 Jahren sagte eine Stimme aus Betlehem, daß alle Menschen gleich sind. Sie sagte, Recht werde triumphieren. Jesus von Nazaret schrieb keine Bücher; er besaß kein Eigentum, das ihm Einfluß verlieh. Er hatte keine Freunde an den Höfen der Mächtigen. Aber er änderte den Kurs der Menschheit mit den Armen und Verachteten allein. Mögen wir auch naiv und unbedarft sein, die Armen und Verachteten des 20. Jahrhunderts werden dieses Zeitalter revolutionieren. In unserer »Arroganz, Gesetzlosigkeit und Undankbarkeit« werden wir für menschliche Gerechtigkeit, Brüderlichkeit, sicheren Frieden und Fülle für alle kämpfen. Wenn wir diese Ziele erreicht haben – im Geist unerschütterlicher Gewaltlosigkeit – dann, in leuchtendem Glanz, wird die christliche Ära wahrlich beginnen. (26)

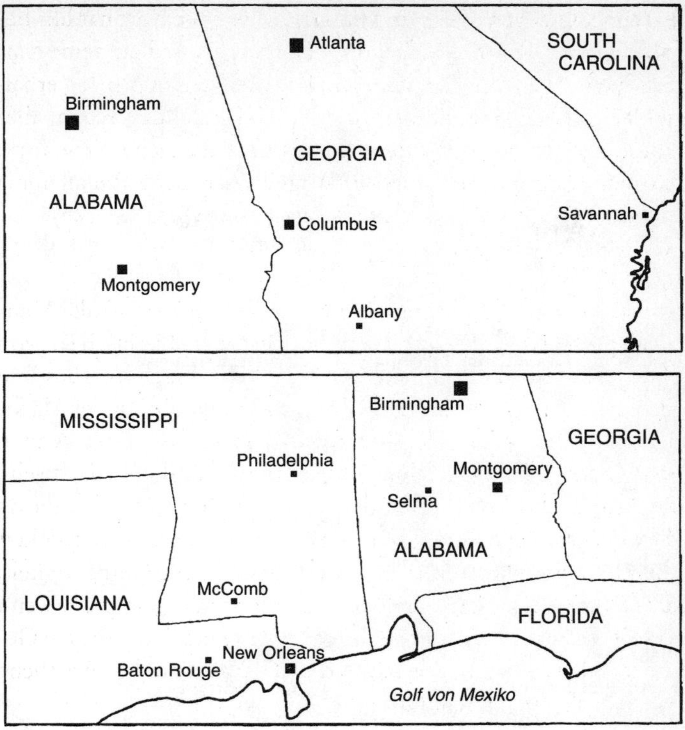


*Lebensstationen Martin Luther Kings im Süden der USA*

# Anhang

## Zeittafel

| Martin Luther King | Ereignisse der Weltpolitik/deutscher Politik |
|---|---|
| 15.1.1929<br>M.L. King Jr. in Atlanta/Georgia geboren | 1929<br>Weltwirtschaftskrise |
| | 1945<br>Gründung der UNO;<br>Beginn des »Kalten Krieges« |
| 1948<br>Ordination als baptistischer Pfarrer | 1948<br>Mahatma Ghandi ermordet |
| 1948–1951<br>Theologiestudium in Chester/Pennsylvania | 1948/1949<br>Blockade Berlin |
| | 1950-1953<br>Koreakrieg |
| 1953<br>Eheschließung mit Coretta Scott | 1953<br>Tod Stalins; Arbeiteraufstand in der DDR |
| 1954<br>Pfarrstelle in Montgomery/Alabama (Dexter Avenue Baptist Church) | 1954–1962<br>Algerischer Unabhängigkeitskrieg |
| 1955<br>Geburt der ersten von vier Kindern (Yolanda); Busboykott in Montgomery (Dez. 1955–Dez. 1956) | 1955<br>Bundesrepublik souverän; Beitritt zur NATO; Gründung des Warschauer Paktes |

| | |
|---|---|
| 1956<br>M. L. King Sprecher der Protestorganisation; Bombenanschlag auf Kings Wohnung | 1956<br>Erste Einheiten der Bundeswehr; Volksaufstand in Ungarn und Polen; Suezkrise |
| 1957<br>Gründung der »Southern Christian Leadership Conference« (Präsident: M. L. King); Wahlrechtskampagnen im Süden der USA | 1957<br>Start des ersten Satelliten (Sputnik)<br><br>1959<br>Fidel Castro Sieger der kubanischen Revolution |
| 1960<br>Wechsel auf 2. Pfarrstelle der Ebenezer Baptist Church in Atlanta; studentische Sit-ins gegen Rassentrennungen in öffentlichen Einrichtungen | 1960<br>»Afrikanisches Jahr«: 17 ehemalige Kolonien unabhängig |
| 1961<br>»Freedom Rides« gegen Rassentrennungen im zwischenstaatlichen Busverkehr | 1961<br>Bau der Berliner Mauer |
| 1962<br>Gewaltlose Aktionen in Albany/Georgia | 1962<br>Kubakrise |
| 1963<br>Gewaltlose Boykottaktionen in Birmingham/Alabama (»Brief aus dem Gefängnis in Birmingham«); »Marsch auf Washington« (»Ich habe einen Traum«) | 1963<br>Ermordung des US-Präsidenten J. F. Kennedy |
| | 1964–1973<br>US-Truppen in Vietnam |
| 1964<br>Wählerregistrierungskampagne in Mississippi<br>Besuch Berlins auf Einladung W. Brandts<br>Friedensnobelpreis | 1964<br>Präsident Johnson verkündet »Feldzug gegen die Armut« |

| | |
|---|---|
| 1965<br>Bürgerrechtsmarsch von Selma nach Montgomery<br>Unruhen im Schwarzenghetto Watts (Los Angeles): 35 Tote (»langer heißer Sommer«) | 1965<br>Kulturrevolution in China;<br>Malcolm X ermordet;<br>Notstandsgesetze im Bundestag verabschiedet;<br>Aufnahme diplomatischer Beziehungen zwischen Bundesrepublik und Israel |
| 1966<br>Eintritt in Vorstand der Vereinigung »Geistliche und Laien in Sorge um Vietnam«;<br>Gewaltlose Aktionen im Norden (Chicago): gegen Rassendiskriminierung im Wohnbereich | 1966<br>USA bombardieren Hanoi;<br>Demonstrationen gegen Vietnamkrieg in Deutschland;<br>»Große Koalition« (CDU/CSU/SPD) in Deutschland;<br>Wahlerfolge der rechtsextremen NPD |
| 1967<br>Scharfe Kritik am Vietnamkrieg (»Sprechen für die, die keine Stimme haben«); Planung einer »Kampagne der Armen« in Washington, D.C. | 1967<br>Studentische Demonstrationen gegen Schah-Besuch, (Benno Ohnesorg erschossen); Militärdiktatur in Griechenland verschärft; 2. arab.-israelischer Krieg (»7-Tage-Krieg«); Krieg Biafra-Nigeria |
| 1968<br>Unterstützung des Müllarbeiterstreiks in Memphis / Tenn.; (3.4.) Letzte Rede: »Ich bin auf dem Gipfel des Berges gewesen«; (4.4.) M. L. King, Jr. bei Aufenthalt in Memphis erschossen | 1968<br>Studentenunruhen weltweit (Attentat auf Rudi Dutschke); Truppen des »Warschauer Paktes« beenden »Prager Frühling«;<br>Hungersnot in Biafra |

*Nicht erwähnt sind in dieser Übersicht die 29 Gefängnisaufenthalte Martin Luther Kings*

# Deutschsprachige Literatur zur US-Bürgerrechtsbewegung und zu Martin Luther King

## *Werke Martin Luther Kings*

Freiheit: Aufbruch der Neger Nordamerikas. Bericht über den Busstreik in Montgomery. Kassel 1964 (und spätere Aufl.)

Kraft zum Lieben. Konstanz 1964 (und spätere Aufl.)

Warum wir nicht warten können. Düsseldorf 1964 (und spätere Aufl.)

Wohin führt unser Weg? Chaos oder Gemeinschaft. Düsseldorf 1968 (und spätere Aufl.)

Aufruf zum zivilen Ungehorsam. Düsseldorf 1969 (und spätere Aufl.)

Testament der Hoffnung. Letzte Reden, Aufsätze und Predigten. Eingeleitet und übersetzt von Heinrich W. Grosse, Gütersloh 1974 (und spätere Aufl.)

Ich habe einen Traum. Hrsg. von Hans-Eckehard Bahr und Heinrich W. Grosse, Düsseldorf 2003

## *Über M. L. King, die Bürgerrechtsbewegung der sechziger Jahre*

Bahr, Hans-Eckehard: Seht, da kommt der Träumer. Unterwegs mit Martin Luther King. Stuttgart 1990

Deats, Richard: Martin Luther King. Traum und Tat. Ein Lebensbild. München 2001

Grosse, Heinrich: Die Macht der Armen. Martin Luther King und der Kampf für soziale Gerechtigkeit. Hamburg 1971 (Konkretionen 10)

Miller, William Robert: Wir werden überwinden … Martin Luther Kings Leben, Martyrium und Vermächtnis. Kassel 1970

Oates, B. Stephen: Martin Luther King – Kämpfer für Gewaltlosigkeit. München 1984 (und spätere Aufl.)

Pepper, William F.: In der Schußlinie. Die wahren Hintergründe der Ermordung von Martin Luther King. Bergisch-Gladbach 1998

Pepper, William F.: Die Hinrichtung des Martin Luther King. Wie die amerikanische Staatsgewalt ihren Gegner zum Schweigen brachte. Kreuzlingen u. a. 2003

Presler, Gerd: Martin Luther King, Jr.: mit Selbstzeugnissen und Bilddokumenten. Reinbek bei Hamburg 1984 (rororo Bildmonographien 333, jetzt als Rowohlts Monographien 50333)

Waldschmidt-Nelson, Britta: Martin Luther King; Malcom X. Frankfurt a.M. 2000

Zitelmann, Arnulf: »Keiner dreht mich um«. Die Lebensgeschichte des Martin Luther King. Weinheim 1985 (und spätere Aufl.)

### *Über SNCC*

Müller, Jürgen: Die Geschichte des Student Non-Violent Coordinating Committee. Ein Kapitel der Bürgerrechtsbewegung in den Vereinigten Staaten. Stuttgart 1978 (Amerikastudien 49)

Carson, Clayborne: Zeiten des Kampfes. Das Student Nonviolent Coordinating Committee (SNCC) und das Erwachen des afro-amerikanischen Widerstands in den sechziger Jahren. Mit einem Nachwort von Heinrich W. Grosse, Bremen 2004

### *Über Frauen in der Bürgerrechtsbewegung, besonders Ella Jo Baker und Fannie Lou Hamer*

Waldschmidt-Nelson, Britta: From Protest to Politics. Schwarze Frauen in der Bürgerrechtsbewegung und im Kongreß der Vereinigten Staaten. Frankfurt a.M. u.a. 1998 (Nordamerikastudien 8)

## Quellen- und Bildnachweis

### *Texte Martin Luther Kings*

King, Martin Luther: Aufruf zum zivilen Ungehorsam. Düsseldorf 1969 (und spätere Aufl.): Kleine Texte 10, 18, 19 (Übersetzer Rosemarie Winterberg)

King, Martin Luther: Ausgewählte Texte. Hrsg. von Coretta Scott King. München 1985: Kleine Texte 11, 13, 20, 21 (Übersetzer Norbert Lechleitner)

King, Martin Luther: Freiheit: Aufbruch der Neger Nordamerikas. Bericht über den Busstreik in Montgomery. Kassel 1964: Kleine Texte 4, 8, 23 (Übersetzer Ruth Rostock und Alfred Schmidt)

King, Martin Luther: Kraft zum Lieben. Betrachtungen und Reden des Friedensnobelpreisträgers. Neukirchen-Vluyn 1997: Kleine Texte 16 (Übersetzer Hans-Georg Noack)

King, Martin Luther: Schöpferischer Widerstand. Hrsg. von Heinrich W. Grosse. Gütersloh 1980: We shall overcam, Was sollte bei meiner Beerdigung gesagt werden?, Kleine Texte 3, 22 (Übersetzer Heinrich W. Grosse)

Martin Luther: Testament der Hoffnung. Letzte Reden, Aufsätze und Predigten. Hrsg. von Heinrich W. Grosse. 6. Aufl., Gütersloh 1989: Ich habe einen Traum, Ich bin auf dem Gipfel des Berges gewesen, Kleine Texte 2, 5, 6, 7, 25, 26 (Übersetzer Heinrich W. Grosse), Sprechen für die, die keine Stimme haben (Übersetzer Anne Bahr und Hans-Jürgen Benedict)

King, Martin Luther: Warum wir nicht warten können. Düsseldorf 1964 (und spätere Aufl.): Kleine Texte 9 (Übersetzer Hans Lamm)

King, Martin Luther: Wohin führt unser Weg? Chaos oder Gemeinschaft. Düsseldorf 1968 (und spätere Aufl.): Kleine Texte 12, 14, 15, 17 (Übersetzer Hildegard Jany)

Archives of the Martin Luther King, Jr., Center, Atlanta/USA: Denen, die im dunklen Tal sind, dienen (Übersetzer Heinrich W. Grosse)

## Abbildungen

dpa, Frankfurt a. M.: S. 9, 77, 87, 105 unten

epd-bild, Frankfurt a. M.: S. 116

Foto AP Newsfeatures Photo Frankfurt a. M.: S. 51

Foto Joseph Louw – Time-Life Picture Agency © Time Inc. aus: Martin Luther King jr. Hrsg. von Flip Schulke, W. W. Norton & Company, New York, London: S. 95

Foto Scheler, Stern Hamburg: S. 19, 55, 105 oben, 139

Foto Flip Schulke aus: Martin Luther King jr. Hrsg. von Flip Schulke, W. W. Norton & Company, New York, London: S. 48

Fotoarchiv Wichern-Verlag, Berlin: S. 111